Joseph Schrafel

Des
Nürnberger Feldwebels Joseph Schrafel
merkwürdige Schicksale
im Kriege gegen Tirol 1809,
im Feldzuge gegen Russland 1812
und
in der Gefangenschaft 1812 bis 1814

Von ihm selbst geschrieben

Engelskirchen

2008

Bibliografische Information der Deutschen Nationalbibliothek:
Die Deutsche Nationalbibliothek verzeichnet diese Publikation in
der Deutschen Nationalbibliographie; detaillierte bibliografische
Daten sind im Internet unter http://dnb.d-nb.de abrufbar

Gebundene Ausgabe 03/2008
Copyright © 2008 by Fachverlag AMon
Printed in Germany
Herstellung und Verlag: Books on Demand GmbH D-22848 Norderstedt
AMon 00001
ISBN 978-3-940980-00-7
http: // www.FachverlagAMon.de

Vorwort zur Ausgabe 1834

Lieber Leser!

Das Buch, das ich Dir hier übergebe, war ursprünglich nicht für den Druck bestimmt. Es war nur ein Entwurf, der bei der Erzählung meiner Schicksale im vertrauten Kreise meiner Freunde meinem Gedächtnis als Leitfaden dienen und nach meinem Tode als Andenken an meine Kinder übergehen sollte. Gänzlich ungetrübt in der Kunst, regelrecht und zierlich zu schreiben, würde ich nicht gewagt haben das Gebiet der Öffentlichkeit zu betreten, wenn ich nicht durch Zureden wohlmeinender Freunde dazu ermutigt und bei der Stilisierung des Buches werktätig unterstützt worden wäre.

Glaube aber nicht, lieber Leser, dass ich mich darum für historisch wichtig halte oder eine Nebenabsicht mit der Herausgabe meiner Schicksale verbinde. Ich will bloß das, was ich meinen Freunden erzählt habe, nun auch meinen lieben Mitbürgern erzählen, die als Kinder eines Landes und als Untertan eines Königs ja auch meine Freunde sind. Auch hoffe ich, die Schilderung meiner Kriegserlebnisse werde bei denen, die sie miterlebt haben, anziehende Erinnerungen wecken, bei denen aber, die sie nicht miterlebt haben, einen nützlichen Eindruck hervor bringen, weil fremde Erinnerungen im Glück wie im Unglück immer lehrreich sind.

Ferner muss ich mich, lieber Leser, gegen Dich verwahren, dass Du nicht denken mögest, ich hätte einen abenteuerlichen, poetisch ausgeschmückten Roman schreiben wollen. Was Du lesen wirst, hat kein anderes Verdienst als das der strengsten Wahrheit. Auch eine strategisch genaue Kriegsgeschichte erwarte nicht von mir, lieber Leser. Verzeihe mir vielmehr, wenn Du hier und dort kleine Irrtümer in der Zeitangabe oder in den Ortsbenennungen findest. Schreibe dies nicht der Nachlässigkeit, sondern einzig der Untreue meines Gedächtnisses zu, das durch unerhörte Leiden und Drangsale geschwächt worden ist

In diesem Sinne, lieber Leser, übergebe ich Dir das Buch und bitte Dich, es in diesem Sinne zu lesen.

Nürnberg im Oktober 1834

Der Verfasser

Vorwort zur Ausgabe 2008

Das vorliegende Werk wurde erstmals im Jahre 1834 und dann nochmals zum Anlass der Hundertjahrfeier 1913 herausgegeben. Es beschreibt die harte und entbehrungsreiche Kindheit eines Jungen im Bayern des beginnenden 19.Jahrhunderts, seines beruflichen Aufstieges und auch seiner Konfrontation mit der großen Weltgeschichte, die ihn als Individuum beinahe in den Weiten Russlands mitverschlungen hätte. Auch nach fast zweihundert Jahren haben die Erzählungen des Nürnbergers Joseph Schrafel nichts von ihrer Natürlichkeit und ihrer Authentizität verloren.

Aufgrund der leichteren Lesbarkeit wurde der ursprüngliche Text in das heutige Schriftbild transkribiert, wo es notwendig erschien wurden erklärende Fußnoten zugefügt.

Zur besseren Verdeutlichung des damaligen Erscheinungsbildes des 5.bayerischen Linien-Regiments, dem der Autor während seiner aktiven Militärlaufbahn angehörte, wurden dem Text drei Zeichnungen des Künstlers Johann Baptiste Cantler, *1822 in Neustadt an der Saale, †1919 in Erding, beigegeben.

Das Werk schließt mit einer kurzen Geschichte des 5.Regiments.

Engelskirchen, im März 2008

Der Herausgeber

4

1.Kapitel
Kindheit und Lehrjahre

Ich bin am 04.Januar 1785 zu Landshut geboren. Mein Vater war gemeiner Soldat im Dragoner-Regiment *Fürst Thurn und Taxis*. Meine Mutter lebte von ihrer Hände Arbeit. Von so unbemittelten Eltern abstammend, konnte nur wenig auf meine Erziehung gewendet werden. Damals wusste man auch noch nichts von trefflichen Schuleinrichtungen, nichts von gesetzlicher Unterstützung armer Kinder, nichts von gesetzlichem Anhalten zum Schulbesuch. Es gab wohl Schulen; aber ob ein armes Kind sie besuchte oder nicht, ob es verwahrlost heranwuchs oder etwas lernte, darum kümmerte sich niemand. Ein dürftiger Religionsunterricht und das Erlernen der Gebete, darauf beschränkte sich das ganze Erziehungswesen für die Armen. Wie ganz anders ist es jetzt! Welche Wendung würde mein Schicksal genommen haben, wenn ich des Glücks teilhaftig hätte sein können, das die Jugend jetzt genießt!

Die Klöster waren zu meiner Zeit der einzige Zufluchtsort der Armut. Auch ich trieb mich schon als Knabe von sieben bis acht Jahren in den Franziskaner- und Kapuzinerklöstern herum. Ich diente als Ministrant, obwohl ich noch zu schwach war, das Messbuch zu tragen, so dass entweder der Priester selbst oder ein dazu bestellter größerer Knabe mir behilflich sein musste. Die Schule besuchte ich nur einen Winter hindurch; denn meine Mutter war so arm, dass sie mich nicht mehr kleiden und nähren konnte.

Ich hatte erst mein zehntes Lebensjahr erreicht, als sie mir wehmütig erklärte, ich müsse mich nun nach irgend einem Broterwerb umsehen, da sie außerstande sei, für mich ferner zu sorgen. Mein Vater konnte eben so wenig für mich tun. Seit das Regiment *Thurn und Taxis* von Landshut in eine andere Garnison versetzt worden war, kümmerte er sich überhaupt nicht mehr um mich.

Sowohl bei ihm als bei meiner Mutter war die Stimme der Natur durch den Druck des Elends erstickt worden. Feines Gefühl wird wohl niemand von Leuten erwarten, die in einer rohen Zeit, unter schweren Schicksalen, ohne Geistesbildung aufgewachsen waren. Daher musste ich mich entschließen, das nächst beste Geschäft zu ergreifen, um nicht hungern und meine Mutter nicht verhungern zu lassen.

Damals führte der Freiherr von Fraunhofen in Landshut einen großen Bau auf.

"Geh hin", sagte meine Mutter, "sieh zu, ob Du dort als Handlanger Arbeit findest."

Ich ging. Es war ein Sonntag. Der Freiherr spazierte, den Bau besichtigend, in dem Gemäuer herum. Ich nahm mir ein Herz und redete ihn an, um Arbeit flehend. Er besah sich mein gutmütiges Lächeln.

"Was willst Du, Kleiner? Hier arbeiten?", sprach er. "Die Arbeit hier ist zu schwer für Dich. Ich kann Dich nicht brauchen."

Ich aber ließ mich davon nicht abschrecken. Ich bat nun immer dringender, stellte ihm frei, wieviel er mir an Lohn geben wolle und versprach mein Möglichstes zu tun. Es mochte ihn wohl rühren; denn er sagte endlich: "Nun denn, so stelle ich Dich morgen ein. Ich will sehen, wie ich Dich verwenden kann."

Wer war glücklicher als ich? Ich trug Steine, Mörtel, Wasser, oft über meine Kräfte. Die ersten drei Wochen bekam ich 9 Kreuzer täglich. Aber mein Fleiß wurde in der Folge immer besser belohnt.

In der vierten Woche erhielt ich schon 12 Kreuzer und nach sechs Wochen wurde ich schwacher Knabe, bloß meines guten Willens und Betragens wegen, den übrigen Handlangern gleichgestellt, so dass ich 18 Kreuzer täglich erhielt. Nun war ich ein reicher Mann, nun hatte meine Mutter zu leben. Ihr gab ich alles und erhielt dafür jeden Sonntag 6 Kreuzer. So ging es den Sommer über, solange der Bau dauerte. Den Winter darauf nahm ich wieder zu den Klöstern meine Zuflucht. Aber mein Glücksstern war einmal aufgegangen.

Der Maurermeister, unter dessen Aufsicht ich gewesen war, hatte meine Anstelligkeit gesehen. Er nahm mich drei Sommer hindurch gar förmlich in die Lehre und so eröffnete sich mir eine nach meinen Begriffen glänzende Laufbahn. Aber damals wusste man nichts von theoretischen Kenntnissen für Handwerker. Es gab für sie keine Zeichenschule wie heute. Nur der Meister und der Polier, der gewöhnlich ein Fremder, fernher Verschriebener war, konnten ordentlich zeichnen. Die Gesellen besaßen bloß mechanische Fertigkeiten, ohne alle Vorbildung und waren nicht viel mehr als blinde Werkzeuge. Wäre damals alles eingerichtet gewesen wie jetzt, so hätte ich es in Kurzem weit bringen können. Aber vor fünfzig Jahren glaubte man nicht oder wollte man nicht glauben, dass auch aus armen, niedrigen Menschen geschickte, für höhere Dinge brauchbare Männer gebildet werden könnten. Alles war nur für die Bemittelten zugänglich. Der Arme blieb überall unbeachtet und hatte nur höchst selten das Glück sich empor zu schwingen.

Die Maurerprofession hatte ich nun erlernt. Ich war jetzt 14 Jahre alt. Nun musste ich auch die Brauerei erlernen; denn in Altbayern ist es Sitte und uralter Brauch, dass die Maurer sowohl als die Zimmerleute zugleich auch Brauer sein müssen. Dieser Brauch ist sehr zweckmäßig, da die Nahrung der Maurer und Zimmerleute im Winter endet und die der Brauer im Winter beginnt. Auf diese Weise kommt der Handwerker nie in die Lage sich dem Müßiggang zu ergeben oder Mangel leiden zu müssen. Diese beiden aber sind die zwei gefährlichsten Feinde der Ruhe und Ordnung im Staate. Als ich die Brauerei erlernt hatte, wozu üblicher Weise zwei Winter erforderlich waren, wurde ich als Brauknecht beim Brauer Hiz in der Landshuter Sankt Nikolas-Vorstadt angenommen.

2.Kapitel
Die ersten Militärjahre

Nun beginnt ein Abschnitt meines Lebens, der mir ewig merkwürdig und ein Beitrag zu den Rätseln des menschlichen Herzens ist. Mein Brauherr hatte einen Vater, der ebenfalls eine Brauerei besaß und zu dem ich oft in Geschäften geschickt wurde. In seinem Hause diente als Köchin ein junges, schönes Mädchen, namens Walpurga Herhammer aus Siebenburg bei Abensberg.

Ich war ein munterer, lebensfroher Gesell und sah nicht übel aus. Wer hätte nun nicht denken können sollen, zwischen uns müsste sich ein Liebeshandel entspinnen? Weit gefehlt! Wir hassten uns, hassten uns ingrimmig und bitter. So oft wir zusammen trafen, neckte sie mich mit Stichelreden und begegnete mir äußerst verächtlich. Ich vergalt ihr Gleiches mit Gleichem, und so kränkten wir einander bei jeder Gelegenheit. Und warum hassten wir uns, so wird jeder fragen? Wir wussten es selbst nicht. Eine unerklärliche tiefe Feindseligkeit beherrschte unsere Gemüter. Wir konnten unser Verhalten weder vor uns noch vor Anderen rechtfertigen.

Aber das Unerklärliche folgte noch. Damals war es Gebrauch, dass die jungen Burschen bei der Rekrutierung würfeln mussten, wer Soldat werden sollte. Schon einige Male hatte mich das Glück begünstigt, dass ich mich, wie man damals sagte, losspielte.

Man sah das ungern, da ich groß und wohlgebaut war. Besonders schimpfte Walpurga über die Ungerechtigkeit des Schicksals, das mich, den Armen, Schutzlosen, begünstigte, während die Söhne wohlhabender Bürger die Muskete tragen mussten. Später wurde dieses Würfeln abgeschafft und das Losen eingeführt; aber auch dann zog ich immer das glücklichere Los.

Endlich im Jahre 1807 kam wieder eine Rekrutenaushebung, und da man mein Glück beim Losen fürchtete, so umging man willkürlich das Gesetz, erklärte mir mit dünnen Worten, dass die Reihe nun auf jeden Fall mich träfe, da ich schon lange in der Reserve stehe, und hob mich am 10.Januar ohne weitere Umstände aus.

Welch ein Donnerschlag für mich, für meine Mutter! Alle Nahrung, alle Aussicht auf künftigen Wohlstand, all die süßen Hoffnungen, mit denen wir uns schmeichelten - alles mit einem Male dahin.

Ohne einen Heller Vermögen, bloß auf fünf Kreuzer und nur einen halben Laib Brot beschränkt, welcher bittere Glückswechsel! Welche plötzliche Entbehrung nach einer für meinen Stand glücklichen, ja sogar Überfluss darbietenden Lebensweise!

Und welche schreckliche Aussicht vor mir! Damals waren die militärischen Einrichtungen nicht so menschlich wie jetzt. Der gemeine Soldat war fast gänzlich der Willkür roher, oft grausamer Unteroffiziere gegeben. Die Dienstvorschriften waren von äußerster Strenge. Fast kein Tag verging ohne körperliche Züchtigungen. Sie wurden nicht selten bei ganz kleinen Vergehen angewendet, die jetzt nur mit einem Verweise bestraft würden. Daher war der Schrecken und die Angst vor dem Soldatenleben bei dem Volke allgemein. Man stellte sich das Übel sogar noch weit größer vor. Mir war zu Mute wie einem verurteilten Verbrecher. Äußerlich benahm ich mich still und ruhig; aber ein unnennbares Angstgefühl, eine dumpfe Schwermut, die mich bis zum Stumpfsinn beugte, hatte sich meines Inneren bemächtigt.

So wurde ich mit ungefähr 150 anderen Rekruten, wovon 10 aus Landshut selbst, die Übrigen aus den umliegenden Gegenden waren, vom Rathaus im langen Zuge mit einer Militäreskorte herab geführt. Noch wimmelte dieser bunte, durcheinander wallende Zug vor meinen Augen, noch hör' ich das Jauchzen des Einen, das Schluchzen des Anderen, noch seh' ich die gaffende Menge, durch die wir hindurch zogen. Noch fühl' ich, wie sich das Herz krampfhaft zusammenzog. Aber den heftigsten Eindruck sollte ich erst erfahren, der bitterste Schmerz wartete meiner noch. Wir mussten an dem Hause vorbei, wo Walpurga, meine Feindin, diente. Da stand sie an der Haustür unter vielen andern Leuten.

Als sie mich erblickte, schlug sie ein schallendes Gelächter an, klatschte in die Hände und rief: "So ist es recht! Das ist gut, dass sie auch den haben! Um den ist kein Schade! Das hergelaufene Soldatenkind hätten sie längst nehmen sollen, statt der braven Bürgersöhne!" - So spottete sie noch lange. Was in meinem Herzen vorging, kann ich so gar nicht beschreiben. Betäubt und halb bewusstlos ging ich vorbei. Ist ein solcher Hass ohne allen Grund erklärlich? Ich bin nur ein schlichter, ungelehrter Mann und möchte wohl hierüber Aufschluss haben. Sollte man nach all dem nicht denken, dass eine so tief eingewurzelte, gleichsam angeborene Feindschaft könne nur mit dem Tode enden? Wer könnte wohl mutmaßen, dass diese Walpurga, die mich ohne allen Grund verfolgte, das edelste Geschöpf der Welt war? Wer könnte ahnen, dass sie wenige Monate danach meine Geliebte, endlich meine Gattin und die Mutter meiner Kinder, werden, dass sie unsägliches Ungemach um mich und mit mir ertragen, ihren Wohlstand, ihre Gesundheit, ja sogar ihr Leben für mich opfern würde?

Aber ich fahre zunächst fort. Aus dem Rathaus wurden wir in die Kaserne gebracht und zur Hälfte an den Feldwebel Schwabel von der Kompanie des Hauptmanns Grafen Kreuth übergeben. Hierbei war auch ich. Die andere Hälfte kam zu einer anderen Kompanie.

"Wie heißt Er?", fragte mich der Feldwebel mit barschem Tone.

"Joseph Schrafel", war meine Antwort.

"Wo ist Er her?"

"Von hier."

"Also aus der Stadt?"

"Ja."

"Diese Stadtkinder taugen nichts, sind Herumschwärmer ohne Ordnung, ohne Aufführung."

Dieser Empfang entsetzte mich nicht wenig. Ich dachte, hier wird es mir gar schrecklich gehen. Nun wurden sämtliche Namen eingeschrieben und wir wurden in die Zimmer verteilt. Ich wurde zu dem Sergeanten Waldherr ins Zimmer gelegt. Sein Anblick flößte mir Trost und Mut ein; denn ich kannte diesen Mann, da ich ihm im Brauhause zuweilen Bier eingeschenkt hatte.

Er empfing mich mit lächelndem Munde, indem er rief: "Ah, Seppel, haben sie Dich auch einmal erwischt?"

Ich antwortete mit einem Tränenstrom und wurde deshalb von den anderen Soldaten tüchtig ausgelacht und verspottet. So schwieg ich und betrachtete mir die Einrichtung des Zimmers, die Kaskets, die Brote, die Tornister, die Strohsäcke und Bettstellen, alles in sauberer Ordnung aufgestellt und aufgereiht. Alles war mir neu; alles, sogar der eigentümliche Kasernengeruch fiel mir fremdartig auf; alles vermehrte nur meine Angst. Zur größten Trübsal wurde mir nun auch der Kopf rund geschoren; denn die Zöpfe waren schon abgeschafft.

Hierauf mussten wir unsere Kleider ablegen und bekamen die Montur. Diese bestand damals aus einem zwillichenen Kittel, dessen Schnitt ungefähr dem jetzigen Frack glich, aus langen, weiß und blau gestreiften Beinkleidern, an der Seite mit beinernen Knöpfen besetzt, aus rindsledernen Schuhen und einer Halsbinde von schwarzem Tuche. Dieser neue Staat, in dem ich mich sehr unbehaglich fühlte, vermehrte nur meine Betrübnis. Die Vorstellungen des Prügelns und des Gassenlaufens standen immer vor meiner Seele. Vor dem Unteroffizier bebte ich. Denn damals hatte jeder Korporal das Recht, nach Gutdünken dreinzuschlagen. Kein Soldat durfte sich beklagen, auch wenn er unschuldig misshandelt worden war.

Mit mir kam es jedoch besser als ich dachte. Der Sergeant nahm mich zu seinem Bettgenossen an. Dies war eine große Auszeichnung für mich, aber auch ein großer Zwang; denn vor lauter Respekt getraute ich mich kaum, mich zu regen. Doch bald verlor sich meine Furcht. Waldherr behandelte mich menschlich und väterlich, unterrichtete mich mit Milde in allen militärischen Gebräuchen und erzog mich schnell zum tüchtigen Soldaten. Ich fügte mich in die neue, strenge Lebensweise leichter als ich gedacht hatte, und - so ist das menschliche Herz! - schon nach acht Tagen war ich völlig eingewöhnt und es währte nicht lange, so war ich gerne Soldat.

Nur der Zapfenstreich, der im Sommer um 09.00, im Winter um 08.00 Uhr geschlagen wurde, behagte mir nicht, da ich früher gewohnt war, mich gerade um diese Zeit frei herum zu tummeln. Doch überschritt ich die Ordnung nie, ich versagte mir alles, was meinem neuen Beruf zuwiderlief und war nur ganz Soldat. Auch habe ich nie ein böses Wort, geschweige denn einen Schlag von einem Vorgesetzten empfangen, was für die damalige Zeit, wo das Zuschlagen gleichsam mit zum Kommandowort gehörte, viel sagen will.

Meine trostlose Mutter war gleich nach meiner Ankunft in der Kaserne zu meinem Hauptmann, den Grafen Kreuth, gerannt und hatte Fürbitte für mich eingelegt, dass man mir nicht zu hart begegnen wolle; denn auch sie dachte nicht anders, als dass man mich nun täglich grausam misshandeln würde.

Graf Kreuth, ein strenger, aber ehrenwerter Mann, tröstete sie mit der Zusicherung, dass ich es gut haben sollte, wenn ich gut tun wollte. Ja, ihr versprach er sogar, sich meiner besonders anzunehmen und für mich auch in der Folge zu sorgen. Er hat Wort gehalten und mich auch noch lange nachher bis zu seinem Tod werktätig und großmütig unterstützt. Gesegnet sei sein Andenken!

Ich wurde nun unter die besondere Aufsicht des Feldwebels Schwabel gestellt, der trotz seines barschen Wesens ein würdiger Mann war. Zur Erlernung des Exerzierens wurde ich dem Leutnant Eder, der später als Hauptmann in Nürnberg starb, zugeteilt.

Ich machte rasch Fortschritte; denn außerhalb der wirklichen Exerzierstunden forderte ich oft meine Kameraden auf, sich im Zimmer aufzustellen und kommandierte, selbst noch Rekrut, die anderen Rekruten, die mir halb freiwillig, halb aus Achtung gegen mich, der viel beim Hauptmann galt, Folge leisteten.

Eines Tages hörte Leutnant Eder, der eben durch die Kasernengänge schritt, mein Kommandowort, riss die Türe auf und überraschte uns. Alle fuhren erschreckt auseinander. Aber dem Leutnant gefiel unser Eifer, er erteilte uns allen und besonders mir das schönste Lob.

"Es kann einmal ein ganz tüchtiger Unteroffizier aus ihm werden", sprach er.

Diese Worte, vor den übrigen Rekruten ausgesprochen, wirkten auf mich wie ein elektrischer Schlag. Ich verdoppelte meinen Eifer und schon nach 14 Tagen war ich, was die Handgriffe mit dem Gewehr betrifft, ausexerziert. Mit Stolz und mit innerem Wohlbehagen bezog ich zum ersten Male die Wache, ich, der ich noch vor einigen Wochen der Verzweiflung nahe war. So fügt das Gemüt sich in die Schule der Notwendigkeit.

Das Regiment selbst stand damals in Preußen. Mein Hauptmann war Reservekommandant, zugleich auch Stadtkommandant und als solcher gebührte ihm eine Ehrenwache.

Ich genoss den Vorzug, jedes Mal mit zu dem Posten kommandiert zu werden. Auch bekam ich immer abends die letzte Nummer, damit ich bei des Hauptmanns Nachhausekunft auf dem Posten war. So wie er kam und ich ihm die Honneurs[1] gemacht hatte, ließ er mich abtreten. Kaum war ich einige Schritte weit, so rief er mich zurück und gab mir entweder ein Zwölf-

---

[1] Honneurs - (französisch/ veraltet) militärische Ehrenbezeugung

kreuzer-Stück oder ein Stück Braten, das er im Gasthaus für mich hatte einwickeln lassen. Diese Züge von Wohlwollen fesselten mein Herz an ihn.

Er ließ es bei diesen Gunstbezeugungen nicht bewenden; er unterstützte mich fortwährend, bald mit Leinwand für Hosen bald mit Tuch zur Montur usw. So hielt er meiner Mutter redlich und väterlich Wort, als wäre ich sein Sohn. Er redete mich auch nie mit dem "Er" an, das damals selbst gegen Unteroffiziere und Feldwebel üblich war. Er brauchte das milde "Du", das den Menschen näher an den Mitmenschen bindet. Schon um dieses "Du" Willen wäre ich für meinen Hauptmann durchs Feuer gegangen.

Schon nach einigen Wochen wurde ich Gefreiter. Die erste Beförderung, so pflegt man zu sagen, erfreut mehr als die letzte. Ich fühlte mich wie neugeboren. Ich stand nun nicht mehr Wache und bekam täglich einen Kreuzer mehr Löhnung.

Einige Zeit darauf wurde ich Vizekorporal und endlich am 01.Mai 1807 wirklicher Korporal. Welche Freude! Nun hieß ich Unteroffizier und bekam 12 Kreuzer Löhnung.

Ich hatte nun Überfluss, zumal da mein Hauptmann mich fortwährend mit Wohlwollen überhäufte und mich überhaupt wie einen Sohn behandelte. Da war keine Lustbarkeit in der Stadt, an der er mich nicht teilnehmen ließ. Ich führte bei der strengsten Pflichterfüllung ein höchst angenehmes Leben und war fröhlich und guter Dinge.

Da traf mich plötzlich die Hand des Herrn, auf dass ich nicht übermütig würde. Wenn die Not aus ist, dann kommt der Tod, so sagt das Sprichwort. Meine Mutter, die schon lange gekränkelt hatte und auf meine Verwendung beim Polizeidirektor Gruber in ein Versorgungsspital aufgenommen worden war, starb und ließ mich allein in der Welt zurück. Ich war tief gebeugt. Trostlos trat ich vor meinen Hauptmann und klagte ihm mein Elend.

"Die Fahne ist jetzt deine Mutter", erwiderte er mir in gutmütigem, aber militärischem Tone.

Dies sollte mein Trost sein. Besser als dieser soldatische Spruch heilte die Zeit mein Gemüt. Auch hatte ich Beschäftigung genug, die mich ganz in Anspruch nahm und mir nicht erlaubte meinem Schmerze nachzuhängen. Ich hatte neben dem Exerzieren und dem übrigen Dienst noch viel zu tun. Ich war ein Unteroffizier, der nicht Schreiben konnte. Dies musste ich neu erlernen; denn aus der Schule hatte ich nichts behalten als etwas Buchstabieren. Die Feder war mir heißer als die Muskete und ich fühlte tausendmal die ganze Wahrheit des Spruches, dass die Feder schwerer wiegt ist als der Pflug.

Solange die Reserve noch allein war und Leutnant Eder den Unteroffizieren die Befehle diktierte, ging es mir leidlich; denn es mochte noch so schlecht gekritzelt sein, niemand kümmerte sich darum. Aber das Regiment sollte bald aus Preußen wieder in Landshut einrücken und davor zitterte ich, weil meine Unwissenheit dann vor den anderen aus dem Felde zurückgekommenen Unteroffizieren an das Tageslicht kommen musste. Diese Zeit war näher als ich dachte.

Eines Tages ließ mich mein Hauptmann, Graf Kreuth, rufen und sagte mir, die Königin Karoline[2] habe für das zurückkehrende Regiment eigenhändig zwei Fahnenbänder gestickt und in einem Schreiben befohlen, dass man dieselben dem Regiment entgegenschicke.

"Ich habe", fuhr der Hauptmann fort, "Dir, Korporal Schrafel, diese Auszeichnung zugedacht. Ich übergebe Dir die Fahnenbänder und ein Schreiben an den Obersten, Baron Metzen, dem Du beides übergeben wirst. Das Regiment ist nur noch fünf Stunden von Landshut, zu Pfeffenhausen. Geh und mach Deine Sache gut!"

Man stelle sich vor, wie mich diese hohe Auszeichnung freute. Sie milderte die Angst, die ich vor dem Regimente hatte. Ich wurde auf meines Hauptmanns Kosten neu ausstaffiert und nebst einem Soldaten in einer Kutsche nach Pfeffenhausen gefahren, wo ich mich meines Auftrages beim Obersten mit möglichster Würde entledigte, worauf ich schnell wieder zurückfuhr; denn trotz dieser Auszeichnung, die ich genossen hatte, war es mir unter den Unteroffizieren des Regiments nicht ganz behaglich. Sie sahen mit Geringschätzung auf den Kameraden herab, der noch kein Pulver gerochen hatte.

Als aber das Regiment in Landshut eingerückt war, begann meine Not erst recht. Ich sollte gleich den übrigen Unteroffizieren die Tagesbefehle flink niederschreiben. Aber ich musste mich fast bei jedem Wort auf die Buchstaben besinnen. Zudem verstand ich die lateinischen Ausdrücke nicht, denen man sich damals noch häufig bediente, zum Beispiel *ab initio*, *claudatur*, *semicolon*, *duo puncta* etc.

Einst sollte ich bei der Parade einen Befehl, den der Regiments-Adjutant Leutnant Ott diktierte, nachschreiben. Nach dem ersten Satze sagte er: *ab initio!*[3]

Ich dachte, das gehöre mit zum Befehl und fing an, diese lateinischen Worte mit Müh' und Not hin zu malen. Während ich mir aber den Kopf zerbrach, wie ich sie schreiben solle, diktierte der Adjutant die weiteren Befehle, von denen ich keine Silbe vernahm, da ich mit dem *ab initio* nicht fertig werden konnte. Meine Kameraden, die hinter mir standen, merkten das und lachten. Der Adjutant, der nicht begreifen konnte, worüber gelacht wurde, fuhr sie zürnend an und drohte mit Arrest.

Als ich darauf das Geschriebene laut vorlesen sollte, kam ich mit Zittern und Beben nur bis zu dem verhängnisvollen *ab initio*. Nun war's am Tage. Der Adjutant schalt nicht wenig, dass man mich zum Korporal gemacht habe. Als ob ein Korporal verpflichtet wäre, Latein zu verstehen!

Ich verdoppelte in der Folge meinen Fleiß und brachte es endlich dahin, wenn auch nicht zierlich und gewandt, doch leidlich zu Schreiben. Ich verdanke dies

---

[2] Friederike Karoline (auch Caroline) Wilhelmine von Baden (*13.Juli 1776 in Karlsruhe; †13.November 1841 in München) war eine Prinzessin von Baden und seit dem 01.Januar 1806 als Gemahlin Maximilians I. Joseph Königin des neu proklamierten Königreichs Bayern.

[3] ab initio! - (lateinisch) Vom Anfang!

dem Kasernenverwalter Dollmann, der mich auf meines Hauptmanns Ersuchen unterrichtete.

Aber auch angenehmere Stunden als die des Exerzierens und Schreibens verlebte ich um diese Zeit. Abends nach dem Befehl, wenn des Tages Last und Hitze getragen war, pflegte ich zur Erholung in das Brauhaus des Vaters meines vormaligen Lehrherrn zu kommen und bei einem Glase Bier die Zeit bis zum Zapfenstreich mit Bekannten zu verplaudern.

Hier sah ich oft Walpurga, aber wie sonst, nur mit feindseligen Augen. Sie galt in ganz Landshut für ein hübsches Mädchen, sowohl an Gesicht als an Gestalt. In ihrer altbayerischen Tracht, im Schnürleib mit silberner Kette, die Ringelhaube im blonden Haar, sah sie auch wirklich sehr hübsch aus. Viele Herren besuchten das Brauhaus, nur um sie zu sehen. Nur war ich froh, wenn ich ihr ausweichen konnte.

Eines Abends, als ich eben nach Hause gehen wollte, stand Walpurga in der Haustüre. Ich war eben im Begriff an ihr vorüber zu gehen. Da sprach sie mit schüchterner Stimme: "Guten Abend, Herr Korporal!"

Und indem sie mir etwas in Papier Eingewickeltes zustecken wollte, fuhr sie fort: "Nehmen Sie's nicht ungütig; hier haben ich Ihnen ein schönes Stück Braten eingewickelt."

Mit Erstaunen und Entrüstung trat ich zurück. "Wie kommen Sie mir vor, Jungfer", fragte ich. "Meint Sie, ich leide Hunger in der Kaserne? Behalte Sie ihren Braten und lasse Sie mich in Ruhe!"

So ließ ich sie stehen und ging. Aber sie ließ sich nicht abschrecken. So oft ich hinkam, grüßte sie mich auf das freundlichste, wodurch ich gezwungen war ihr zu danken. Wenn ich ging, stand sie in der Türe und sagte mir „Guten Abend!"

Ich zerbrach mir den Kopf über diese Veränderung ihres Betragens und allmählich fing ich an zu bemerken, dass sie nicht übel von Aussehen sei. Einige Zeit darauf fand ich sie reizend, dann liebenswürdig und endlich liebte ich sie, so sehr man nur lieben kann. Mit dem erwachten Gefühle wich auch der Stolz. Ich nahm nun von Zeit zu Zeit die in Papier gewickelten Leckerbissen an, und bald waren wir ein erklärtes Liebespaar. Ich rechnete ihr die plötzliche Zuneigung zu mir, die sie sich so wenig erklären konnte wie ich, um so höher an, als damals der Soldatenstand nicht so geehrt war wie jetzt.

Meine Geliebte war die Tochter eines wohlhabendes Gastwirts. Nach dem damaligem Begriff konnte man ihr nicht verzeihen, dass sie sich zu einem Soldaten herabließ. Es wurde den Eltern hinterbracht, welche Schande sie ihnen mache; denn auch in der Welt der unteren Stände herrschten uralte Vorurteile. Der Schneider dünkt sich besser als der Schuster, der Brauer besser als der Schreiner. Ebenso wie beim Adel wird die Herkunft in Anschlag gebracht.

Ich war ein Soldatenkind, Walpurga eine Bürgertochter. Welche Missheirat! Aber die Liebe steht höher als alle menschlichen Ansichten und ist stärker als hundertjährige Vorurteile. Walpurga ließ sich durch nichts irre machen. Sie kümmerte sich wenig um die Welt und den Einspruch ihrer Familie; denn ich war ihre Welt und ihr Alles.

Wir gaben uns feierlich das Eheversprechen, obwohl wir noch nicht wussten, ob wir es je würden halten können. Denn wo sollten wir 500 fl[4]. Kaution, die der Korporal bei der Verheiratung erlegen musste, hernehmen? Aber genug, wir liebten uns und überließen das Weitere der Vorsehung.

3.Kapitel
1809 gegen Tirol

So kam das Jahr 1809 heran und mit ihm der Feldzug gegen Österreich. Das Regiment musste in solcher Hast ausmarschieren, dass es seine Beurlaubten nicht mehr einberufen konnte; denn die Österreicher waren, wie es hieß, ohne Kriegserklärung ins Land gefallen. Nun galt es Eile. An alle Landgerichte wurde geschrieben, dass die Beurlaubten zum Regiment auf dem Weg, den es einschlug, zu stoßen hätten. Wir Unteroffiziere schrieben Tag und Nacht.

Hierbei begegnete mir etwas Ähnliches wie früher mit dem *ab initio*. Ich stand als Ordonnanz-Korporal im Vorzimmer bei dem Obersten, Baron von Metzen, der eben mit seinem Adjutanten und einem Unteroffizier beschäftigt war, die Briefe an die Landgerichte abzusenden. Da deren aber so viele waren, so rief er mich herein.

"Ordonnanz-Korporal", sagte er zu mir, "helfen Sie uns die Briefe hier zumachen, damit es schneller geht!"

Ich erschrak nicht wenig, denn ich hatte in meinem Leben noch keinen Brief zugemacht. So schielte ich nun nach den Händen des Adjutanten, um es ihm in der Schnelligkeit so gut als möglich abzulernen. In der Meinung, es recht gut zu machen, nahm ich, damit es schneller gehe, zwei Briefe an verschiedene Landgerichte zusammen und bog sie ineinander zu einem Brief. Der Adjutant bemerkte dies nicht und drückte das Siegel darauf. Als der Schreiber und der Adjutant die Briefe nachzählten, vermissten sie ein Schreiben. Nun begann ein Suchen und ein Wühlen in den Papieren. Jetzt sah ich, was für einen Streich ich wohl gemacht hatte. Ich war wie gelähmt vor Angst. Endlich musste ich mich entschließen zu bekennen. Ich kam mit einem Verweis davon; denn Oberst Metzen war ein sehr humaner, edler Mann, der schon damals zu jedem Unteroffizier "Sie" sagte, ein Mann, der im Regimente unvergesslich bleiben wird.

Das Regiment marschierte voraus und die zwei Reserve-Kompanien samt allen Bagagewagen mit Montierungsstücken folgten. Alles hatte in der größten Hast gepackt werden müssen; denn wir waren in Gefahr, von den Österreicher überrumpelt und gefangen zu werden. Weil ich noch keinen Feldzug mitgemacht hatte und weil es schon immer mein Wunsch war, mich in die Abenteuer der Welt zu stürzen, meldete ich mich von der Reserve weg zum Regiment.

Allein mein Hauptmann erklärte mir, dass der Soldat keinen Willen habe, sondern dahin gehen müsse, wohin ihn der Befehl rufe. Auch fehle kein Korporal im

---

[4] 1 fl (Gulden) = 1,71 Mark

Regiment, an dessen Stelle ich einrücken könne. Zudem, tröstete er mich, zöge die Reserve ebenso gut ins Feld wie das Regiment, und so werde es mir an Kriegserlebnissen nicht fehlen.

Wir schlugen den Weg in die Gegend von Ulm ein und wurden von dort nach München beordert, aus welcher Stadt die Österreicher bereits wieder vertrieben waren. Hier nun wurde aus der Reserve eine Kompanie gebildet und dem Korps des Grafen Arcos einverleibt.

Wir marschierten rasch nach der Grenze von Tirol, wo alles in vollem Aufruhr war. Wir kamen nach Tölz, von da in die Gegend von Benediktbeuren, an den Kochelsee und standen endlich vor Mittenwald im Lager.

Wir hatten einige Scharmützel mit den Tirolern bei Leutasch, einem österreichischen Ort und Engpass, wo uns einige Mann, unter ihnen der Leutnant Rüger, erschossen wurden. Gleich darauf griffen wir die Tiroler in dem ebenfalls österreichischen Dorf und Engpass Scharnitz an und nahmen ihnen beides weg.

Ein Wirt daselbst hatte früher oft seinem Hasse gegen die Bayern dadurch Luft gemacht, dass er einen Preis von 5 fl. setzte für jede bayerische Haut, wie er sich ausdrückte, die man ihm nur bringen würde. Die Wut der Soldaten war deshalb so groß, dass sein Haus, das Erste beim Eingang in das Dorf, gleich in Brand gesteckt wurde. Ein unglücklicher Wind jagte die Flamme auf die benachbarten Häuser und so wurde beinahe die Hälfte des Dorfes eingeäschert, ohne dass jemand wusste, wer eigentlich den verhängnisvollen Befehl gegeben hatte.

Ein Teil der Truppen verfolgte die Tiroler in die Wälder und Berge, musste aber bald, wie sich in der Folge zeigen wird, von der Verfolgung ablassen. Ein anderer Teil, worunter auch ich war, blieb im Dorf und trieb sich in den Gassen und Häusern herum. Alles war öde und leer, keine lebende Seele war zu treffen. Es blieb mir ein Rätsel, wohin sich die Bewohner so schnell geflüchtet hatten; denn dieser Angriff war mit solcher Schnelligkeit erfolgt, dass wir noch die kochenden Speisen vorfanden.

Bei diesem Herumschwärmen geriet ich in ein Haus, das ebenfalls ganz verlassen war. Das einzig lebende Wesen, das ich erblickte, war ein Vogel, eine Kohlmeise, die - von dem Lärmen, Schreien und Schießen scheu gemacht - ängstlich im Käfig herum flatterte. Das ganze Hausdach stand schon in Flammen. Der Vogel jammerte mich. "Armes Tier", sagte ich, "sollst du hier verbrennen?" und gab ihm die Freiheit.

Ich wusste nicht, wie nahe ich selbst daran war, die meinige zu verlieren. Einige Schüsse, die draußen fielen, lockten mich aus dem Hause. Indem schlug der Tambour in der Ferne zum Appell. Ich lief eilends dem Tone nach, verfehlte aber den Weg, und statt einer kleinen Brücke über den Bach zu passieren, geriet ich seitwärts zwischen die Isar und das Gebirge.

Da zeigten sich nun die Tiroler, die von Seefeld her Verstärkung erhalten hatten, schon auf den Bergen. Man kann sich ihre Wut denken, als sie das Dorf brennen sahen. "Ihr Mordbrenner! Ihr Räuber!", hörte ich sie schreien.

Ich floh und musste eine steile Anhöhe hinabrutschen, während sie ihre Büchsen auf mich losbrannten. Die Unsrigen hatten das Dorf bereits verlassen und sich rückwärts längs des jenseitigen Ufers aufgestellt. Da stand ich nun zwischen dem sich nahenden Feind und der Isar.

Meine Freunde schrieen und winkten mir, zu ihnen hinüber zu schwimmen. Aber ich konnte doch gar nicht schwimmen. Die Tiroler kamen immer näher, mir blieb nur die Wahl entweder in die Hände erbitterter Menschen zu fallen, die mich gewiss in die Flammen geworfen hätten, oder zu ertrinken. Endlich entschloss ich mich.

"Lieber sollst Du ersaufen", dachte ich, "als Dich den Tirolern zu ergeben", und somit sprang ich ins Wasser. Zum Glück war die Isar dort nicht ganz mannstief. Unter einem unschädlichen Kugelregen erreichte ich sicher das jenseitige Ufer.

Wir rückten wieder in unser Lager bei Mittenwald ein. Die Tiroler verfolgten uns nicht, sondern blieben in und bei Scharnitz stehen. Wenige Tage nachher griffen uns die Feinde, etwa 6.000 Mann stark wie es hieß, mit aller Macht an, um uns zu überrumpeln. Doch wurde ihr Anmarsch noch früh genug entdeckt. Ich wurde nämlich mit 30 Mann abgesandt, um einen Oberleutnant, der mit ungefähr 100 Mann in der Gegend des Engpasses von Leutasch stand, zu Hilfe zu kommen. Aber kaum hatten wir den halben Weg zurückgelegt, als uns ein freiwilliger Bürgerhauptmann von München, namens Irle, riet, so schnell als möglich umzukehren, da der Oberleutnant von der Übermacht nach Mittenwald zurückgedrängt worden sei und ich zu spät käme. "Die Tiroler", fügte er hinzu, "sind mir schon dicht auf den Fersen."

Kaum hatte er das gesagt, als wir sie schon scharenweise heranrücken sahen. Ich erblickte an der Spitze eines Haufens einen Priester im weißen Chorrock. Er trug das Ziborium[5] in den Händen und schien die Tiroler zum Angriff aufzufordern und zu begeistern. Rings aus dem Gebüsch fielen Schüsse auf uns. Im Tal, das linker Hand gegen Scharnitz zu vor uns lag, standen zwei Kanonen. Ich entschloss mich schnell, sie zu decken. Die Tiroler strömten aus dem Scharnitzer Engpass heraus, wo wir sie nicht vermutet hatten.

Ich eröffnete sogleich das Feuer gegen sie und auch die beiden Kanonen blieben nicht müßig. Bei jedem Kanonenschuss duckten sich die Tiroler in das fast mannshohe Gras und legten sich platt auf die Erde, sprangen aber gleich wieder auf und setzten ihr Feuer fort. Ein Unteroffizier mit bayerischen Gebirgsschützen und ein weiterer Unteroffizier mit einigen Mann vom Leib-Regiment stießen zu uns. Umsonst; wir mussten dieser Übermacht weichen; denn von allen Seiten erhielt der Gegner Verstärkung. Wir kamen so sehr in Bedrängnis, dass wir nahe da-

---

[5] Ziborium - Gefäß mit Hostien

ran waren, die Kanonen aufgeben zu müssen; doch wir brachten sie glücklich davon und zogen uns in guter Ordnung zurück.

Bei Mittenwald gerieten wir abermals in eine schlimme Lage, da uns die Tiroler in die Flanken kamen. Hätten sie damals mehr geregelten Mut und strategische Kenntnisse gehabt, so wäre das ganze Bataillon gefangen genommen worden. Ein Trupp Soldaten wurde von dem Hauptkorps getrennt und musste zwischen der Isar und der Stadt Mittenwald hindurch. Viele, worunter auch einige Dragoner waren, stürzten sich in den Fluss. Ein Korporal, namens Reiter, hatte den Schweif eines Pferdes gefasst und ließ sich so durch das Wasser schleppen. Ein wunderlicher Anblick, vorn ein Soldat zu Pferd, hinten am Pferdeschweif einer mit Gewehr und Tornister auf dem Rücken. So drohend die Gefahr, so groß unser Betrübnis über den Rückzug war, so musste ich doch über diese drollige Szene herzlich lachen.

Das Gefecht an der Scharnitz war mein erstes und die Erinnerung daran war mir in jeder Beziehung eine wahre Lust. Alle die neuen Erfahrungen, die ich im Kriegshandwerk machte, die gesehenen Gegenstände, das paradiesische Land mit seiner immerwährenden Abwechslung von Bergen, Wäldern, Felsen, Wiesen und Seen, alles entzückte mich.

Ich hatte oft gehört, dass Rekruten im ersten Feuer bange sind und das "Kanonenfieber" bekommen. Bei mir war das nicht der Fall. Ich kannte die Gefahr so wenig, war zu jung und zu leichtsinnig, um so zaghaft zu sein. Das Krachen der Kanonen, das Knallen der Gewehre erfreute mich und kam mir richtig lustig vor. Ich dachte gar nicht daran, dass ich tot bleiben oder zum Krüppel geschossen werden könne.

In der Folge, besonders im russischen Feldzuge, verlor ich diese kecke Zuversicht und wurde weit behutsamer und scheuer, wiewohl ich mich nie schwach oder furchtsam finden ließ.

Am Walchensee sammelte sich unser Bataillon und bezog ein Lager bei Kochel und Benediktbeuren. Hier erhielt ich den Befehl mit 24 Mann Liniensoldaten und 6 freiwilligen Gebirgsschützen aus dem bayerischen Tirol nach der Alpe des Herrn von Utzschneider aufzubrechen, um in der Sennhütte die beiden Senner auszuheben und ins Lager zu bringen. Diese beiden Bauern waren echte Tiroler und standen im Verdacht ihren Landsleuten gegen uns als Spione zu dienen. Es war also viel an der Verhaftung gelegen und der Auftrag war ehrenvoll für mich.

Ich trat den Marsch um 07.00 Uhr morgens an. Als Führer dienten uns zwei Bauern aus Benediktbeuren, die auch bestimmt waren, die beiden Tiroler in ihrem Geschäft auf der Sennhütte zu ersetzen. Wir hatten die Erlaubnis erhalten, die Tornister im Lager zurückzulassen, was bei der großen und steilen Höhen dieses Gebirges sehr angenehm war.

Wir kletterten frohen Mutes hinan. Es war ein trüber, regnerischer Tag. Hoch über uns in beträchtlicher Ferne sahen wir eine dichte Wolke, gleichsam an den Felsen hängend.

"Dorthin müssen wir", sagte einer der Führer, indem er auf die Wolke deutete, "hinter dieser Wolke liegt die Schweizerei."

Mir war sehr seltsam zumute. Durch eine Wolke marschieren, das kam mir unbegreiflich vor. Endlich kamen wir in die Wolke, die unseren Augen wie Nebel erschien. Je höher wir stiegen, desto heller wurde es um uns, und zuletzt standen wir im freundlichsten Sonnenschein. Unter uns der Regen, über uns der helle blaue Himmel. Man denke sich nur unser Erstaunen! Wir waren alle junge Burschen von 18 bis 20 Jahren, vom flachen Lande. Ein solcher Anblick war ein Wunder in unseren Augen. Nur die Gebirgsschützen, wohl an solche Erscheinungen gewöhnt, blieben gleichgültig. So kamen wir auf der Alpe an.

Hier bot sich uns ein neues, nie gesehenes Schauspiel. Der herrlichste Frühlingstag beschien blühende, grüne Hügel, auf denen kleine Sennhütten romantisch lagen und das schönste Vieh friedlich weidete. Die Ziegen hingen an den steilen Felswänden und suchten mit emsiger Verwegenheit schmackhafte Kräuter und Wurzeln. Mir pochte das Herz ängstlich um diese guten Tiere; denn ich glaubte, sie müssten jeden Augenblick in den fürchterlichen Abgrund hinunterstürzen. Wie das Herz mir hoch aufschwoll über diese ländliche Szene, mit welchem Entzücken ich alles betrachtete, lässt sich nicht beschreiben. Ich hatte nicht Augen genug, um alles recht in mich aufzunehmen. "So muss es im Paradiese aussehen", dachte ich bei mir selbst.

Wahrlich, es kam mir vor, als ob es von der Wolke aus, durch die wir gekommen waren, gar nicht mehr weit in den Himmel sein könne. Mir war so wohl und doch so weh ums Herz, dass ich es niemandem begreiflich machen kann.

Ich ließ die Mannschaft Halt machen und ausruhen. Dann übergab ich sie der Aufsicht eines Gefreiten und ging mit 6 Mann und den beiden Führern nach der kleinen Sennhütte, die zwischen Gebüsch und Hügeln lag, um die Tiroler gefangen zu nehmen. Allein die Hütte war leer.

"Die Tiroler werden wohl draußen bei den Kühen sein", meinten meine Begleiter.

Ich beschloss zu warten, bis sie kämen. Es war schon Mittag und nun stellten sich Hunger und Durst ein. Wir ließen uns von den Führern, die auf der Alpe bleiben sollten und bereits Besitz von allem genommen hatten, in großen hölzernen Gefäßen Milch reichen. Einem Drittel meiner Mannschaft erlaubte ich, sich ins Gras zu strecken und sich an der Milch und ihrem Brot gütlich zu tun, während die zwanzig anderen unter den Waffen bleiben mussten. So wechselten wir ab. Diese Vorsicht war nötig, da die Tiroler vielleicht nicht fern waren und man nicht wissen konnte, was rings um uns im Gebirge versteckt war.

Mittlerweile kam einer von den Tirolern an, ein kleiner, vierschrötiger Mann. Er erschrak heftig, als er uns erblickte. Ich hatte die Mannschaft so aufgestellt, dass man uns nicht eher sah, als bis man nicht mehr entweichen konnte. Ich ging auf den Mann zu, ließ mir seinen Namen sagen, erklärte ihm, dass er mit zum Kommandanten müsse und fragte ihn, wo sein Gefährte sei.

Er antwortete mir, dieser käme gleich nach. So war es dann auch. Nach einer kleinen Weile erschien ein riesenmäßiger Kerl, der aber noch weit heftiger erschrak als der Kleine. Auch er musste mir seinen Namen sagen.

Dann kündigte ich auch ihm an, dass er uns zum Kommandanten zu folgen habe. Auf die Frage, warum man ihn arretiere, erwiderte ich, dass ich dies nicht wisse, und versicherte ihnen, dass sie nichts zu befürchten hätten.

Da sagte der Kleine: "Nun, so komm, Girgl; die Bayern werden uns den Kopf nicht abreißen."

Sie packten nun unter Aufsicht einiger Soldaten ihre Habseligkeiten zusammen, wurden dann in die Mitte genommen und so traten wir den Rückweg an. Mit Bedauern verließ ich diese herrliche Gegend. Ich wäre lieber noch höher gestiegen als wieder herunter.

"Hier ist gut Hütten bauen", so dachte ich, "hier muss es selbst im Winter schön sein, wo das Vieh in die Täler getrieben und zum Stall gebracht worden ist."

Wer je eine Alpe gesehen hat, wird mir diese Gefühle nicht verargen. Es hatte nun auch im Tal aufgehört zu regnen und der Himmel war heiter. Doch war das Erdreich vom Regen so aufgeweicht und schlüpfrig geworden, dass wir nur mit größter Beschwerlichkeit und Gefahr am Rande der Abgründe marschieren konnten. Doch langten wir endlich glücklich im Lager an. Ich übergab meine Arrestanten und rückte bei meiner Kompanie ein, aber sehr verstimmt; denn ich wäre lieber auf den Bergen geblieben. Die beiden Tiroler wurden, wie ich später erfuhr, nach München in Verwahrung gebracht.

Wir blieben nicht mehr lange bei dem Korps des Grafen Arcor, da die Kompanie des Grafen Kreuth für die Dauer des Feldzugs als beständige Wache des Generalleutnants Grafen Deroy abkommandiert wurde, welcher mit seiner Division über Salzburg nach Innsbruck vorgerückt war. Wir verfolgten denselben Weg, langten in Salzburg an und blieben da einige Tage einquartiert.

In dieser altertümlichen Stadt fiel mir besonders das Glockenspiel auf dem Schlossturm auf. Wir jungen Burschen hatten dergleichen nie gehört und waren nicht wenig überrascht.

Wir setzten unseren Marsch durch den Pinzgau fort. Hier zeigte sich uns ein ganz neues Schauspiel. Alle Menschen, die uns begegneten, Männer, Weiber und Mädchen, hatten Kröpfe und zwar nicht nur einen, sondern drei, vier, ja fünf, große und kleine durcheinander. Dies galt hier als eine Zierde und ein Mädchen ohne Kropf würde keinen Mann bekommen.

Man erzählte uns, dass einst zwei Fremde in eine Dorfkirche traten, als eben Predigt gehalten wurde. Alles begaffte sie, und als man sah, dass sie keine Kröpfe hatten, entstand ein Gemurmel, Gekicher und Lachen. Der Pfarrer, der ebenfalls mit einigen stattlichen Kröpfen geziert war, sah sich nach der Ursache der Störung um. Er bemerkte die Fremden und auch ihm kam ihre Kropflosigkeit lächerlich vor. Um jedoch seiner Gemeinde mit gutem Beispiel voranzugehen und dem Skandal ein Ende zu machen, brach er im Texte der Predigt ab, und während er selbst alle Mühe hatte das Lachen zu verbeißen, hielt er an die Lacher eine derbe Strafrede, worin er ihnen vorstellte, wie unchristlich es sei, sich über die Mängel seiner Mitmenschen lustig zu machen. Man solle Gott danken, wenn man eine gute Gestalt habe und nicht Fremde verspotten, die nichts für ihre Missgestalt könnten.

Das Pinzgauer Gebirge gefiel mir nicht so wie die Gegend, aus der wir kamen. Die Berge sind niedriger, mit Moos bewachsen und ermangeln des großartigen Charakters. Wir kamen in St.Johann im Pinzgau an, wo wir einquartiert wurden.

Von hier führte der Weg über die so genannte Lend, eine Gebirgsgegend mit einem reißenden Bergstrom, über den eine schlechte Brücke geschlagen war. Hier war, wie wir später erfuhren, die Division, zu der wir stoßen sollten, von den Tirolern angegriffen worden und hatte sich durchgeschlagen müssen. Hier erwarteten uns über 800 Tiroler und sie hätten uns, da wir nur 150 Mann stark waren, ohne Zweifel vernichtet. Allein ein guter Engel, ein Mädchen aus Bayern, das in St.Johann diente, warnte uns, es verriet unseren Offizieren die drohende Gefahr. Wir gingen daraufhin zurück.

Als wir später in die Gegend von Innsbruck kamen, begegnete uns ein Teil der Division, die vom Brenner und dem Berg Isel her in vollem Rückzug begriffen war. Die Offiziere konnten nicht genug erzählen, wie schlimm es den Bayern ergangen wäre, dass die Tiroler in den Engpässen Felsstücke und Baumstämme auf sie herabgeworfen und alles, was nicht ausweichen konnte, zerschmettert hätte.

Eines Tags wurden alle Anstalten zum Rückzug getroffen. Nachts um 12.00 Uhr traten wir in aller Stille an. Doch graute schon der Tag, als wir nach Hall kamen. Wir mussten aus allen Schlupfwinkeln das Feuer der Tiroler aushalten. Glücklicherweise erreichten wir vor ihnen die Brücke über den Inn, welche von einem Trupp versprengter Sachsen besetzt war. Diese wären von der anrückenden Übermacht vernichtet worden, wenn wir nicht zur rechten Zeit Hilfe gebracht hätten. So zogen wir unter einem Kugelregen weiter bis zu dem Städtchen Schwaz, das schon im ersten Feldzug eingeäschert und noch nicht wieder aufgebaut worden war. Nur einiges Gemäuer war mit Brettern bedeckt; die Keller aber, in denen noch viel Wein lag, waren unversehrt. Hier machten wir Halt und bezogen ein Lager. Generalleutnant Deroy lag in einem Bauernhause auf einer Anhöhe. Ich musste zu seiner größeren Sicherheit hinter diesem Hause, noch höher auf dem Berge, mit acht Mann eine Feldwache beziehen.

Gleich am ersten Tage begingen zu gleicher Stunde der Korporal Müller und ich an verschiedenen Orten einen vorwitzigen Streich, der uns beiden fast das Leben gekostet hätte. Müller wurde nebst sechs Mann nach Schwaz kommandiert um Wein zufassen. In einem Keller sah er in einer Ecke einen schönen grünen Pelz liegen. Spaßeshalber zog er ihn an und in diesem Aufzug, der zum Kaskett und Korporalstock drollig genug aussehen mochte, schritt er seinem Kommando voran. Unglücklicherweise begegnete er Marschall Lefevre, der, von einigen Offizieren und Generälen begleitet, zu Fuß in dem Städtchen herumschlenderte. Der Marschall, der der Meinung war, Müller habe den Pelz geraubt, ließ ihn sogleich arretieren. Alle Beteuerungen halfen nun nichts. Der Marschall befahl nun einem Gendarmen, den Korporal zu seinem Regimentskommandeur Oberst Metzen zu bringen mit dem Befehl, ihn auf der Stelle erschießen zu lassen. Da aber Korporal Müller der Kompanie angehörte, die dem Generallieutenant Deroy als Wache zugeteilt war, so wollte Oberst Metzen sich nicht in die Sache mischen, sondern schickte den Gendarm mit seinem Arrestanten zu Deroy.

Während dies vorging, war auch ich als Übertreter der Kriegsartikel strafbar geworden. Ich hatte in einer Hütte, die noch höher im Gebirge lag als meine Feldwache, mehrere bewaffnete Tiroler aus- und wieder einschleichen sehen. Dies ärgerte mich und ich beschloss, sie von dort zu vertreiben. Mit vier Mann meiner Abteilung kletterte ich hinauf; aber je höher ich kam, desto höher stiegen die Tiroler aufwärts. Endlich musste ich meine Absicht aufgeben und umkehren. Unglücklicherweise hatte man mich vom Lager aus den Berg hinansteigen, folglich meinen Posten verlassen sehen. Auf dem Rückweg sah ich unten meinen Feldwebel mir winken und drohen, und als ich wieder auf meinem Posten angelangt war, befahl er mir, ihm augenblicklich zu folgen.

"Ihnen wird es schlimm gehen", sagte er, "Sie haben Ihren Posten verlassen und werden gewiss erschossen."

Man denke sich meinen Schrecken. Im Lager traf ich mit Korporal Müller zusammen, der mir sein Abenteuer erzählte. Er war mit der Todesangst davongekommen. Generalleutnant Deroy hatte den Gendarmen mit den Worten, es sei schon gut, zurückgeschickt, sich aber hernach geäußert: "Warum nicht gar Totschießen? Es werden jetzt brave Leute genug totgeschossen."

Müller kam mit einem derben Verweis davon. Ebenso erging es auch mir. Graf Kreuth stellte mir die ganze Schwere meines Vergehens unter Anführung der Kriegsartikel vor. Darauf erklärte er, er habe mit Deroy gesprochen, der mich diesmal begnadige.

Bald darauf setzten wir unseren Rückzug über Rattenberg und Kufstein fort. In Rosenheim wurde das Hauptquartier aufgeschlagen.

Als wir später wieder vorrückten, ereignete sich in der Gegend von Kufstein eine spaßhafte Begebenheit. Die Schützen, denen die Seitendeckung der auf der Straße marschierenden Linientruppen übertragen war und die deshalb die Berge und Gebüsche durchstöberten, hörten eines Abends, als es schon sehr dunkelte,

ein Getöse wie Kettengeklirr. Sie horchten, und als das Gerassel näher kam, legten sie sich auf die Lauer. Da erschien eine fürchterliche Gestalt, kohlschwarz, mit langen Hörnern, einem Pferdefuß, einige Wagenketten in den Händen schüttelnd, kurz, eine Erscheinung, wie das Volk sich wohl den Teufel vorstellt. Die Schützen aber waren nicht bange vor diesem falschen Teufel, sondern brachen hervor und fingen ihn.

Da ergab es sich, dass es ein ganz dummer Teufel von Tiroler war, der geglaubt hatte, die Bayern würden vor ihm erschrecken und davonlaufen. Er wurde nun eingebracht. Ich sah ihn beim General samt seinen Hörnern und Ketten. Er wurde danach als Kuriosum nach München abgeführt. Alles scherzte über ihn und die Soldaten sagten: Jetzt kann's uns nicht mehr fehlen, da der Teufel gefangen ist.

Während unseres Aufenthalts in Hall gab der Generalleutnant Deroy einen schönen Beweis seiner Menschlichkeit und Herzensgüte selbst gegen den Feind, und da die Begebenheit zugleich ein Beitrag zur Charakterisierung der Tiroler ist, so will ich sie erzählen.

Eines Tages verlangte ein alter Tiroler den Generalleutnant zu sprechen. Die Wache wies ihn zurück, da sie niemand einlassen durfte. Ich war an dem Tag als Ordonnanz kommandiert und kam zufällig dazu. Da der Greis auf seinem Willen bestand, dachte ich, er müsse wohl ein sehr wichtiges Anliegen haben, ging hinauf und meldete ihn. Der Graf Deroy ließ ihn gleich vor und fragte ihn, was er wolle.

"Bist Du der hohe General?", fragte der Greis in seinem tirolerischen Dialekt.

"Ich bin's", sagte Deroy.

"Schau", fuhr der Tiroler treuherzig fort, "Deine Soldaten haben mir meinen einzigen Buben weggenommen. Der ist nun in Innsbruck und muss Soldat werden. Da tät' ich Dich halt gar schön bitten, dass Du befiehlst, dass sie ihn mir wiedergeben; denn ich brauche ihn zur Arbeit."

"Mein guter Mann", erwiderte Deroy, "es ginge wohl an, dass man in einem solchen Falle eine Ausnahme machte, wenn ihr Tiroler Euch gehörig zum Losen einstelltet; aber da Ihr Euch in die Berge verkriecht, so müsst Ihr Euch gefallen lassen, dass man sich jeden ohne Rücksicht nimmt, den man ergreifen kann."

"Du hast wohl Recht", erwiderte der Greis, "aber dafür kann ich halt nichts. Schau mich nur an. Ich bin schon gar alt; ich kann die Arbeit nicht mehr verrichten und da tät' ich Dich halt noch einmal schön bitten, dass Du mir helfen möchtest."

Den General rührte dieses Vertrauen. Er schrieb einen Brief und indem er ihn dem Bauern gab, sagte er: "Geh' mit dem Brief zum Kommandanten in Innsbruck. Der wird Dir Deinen Sohn herausgeben."

Der Greis war hocherfreut. "Schau", sagte er, "Du bist halt recht gut; aber ich bin arm, ich kann Dir nichts dafür geben."

"Geh' nur; ich brauche nichts von Dir", sagte lächelnd der General.

"Nun", sagte der Greis, "unser Herr lohne es Dir und wenn Du epper auch Kinder hast, so sollen sie Glück und Segen in der Welt haben."

So ging er. Mir aber schenkte er zum Dank ein Fässchen Branntwein, das ich durchaus annehmen musste. So bieder und treuherzig sind die Tiroler fast alle und man kann es nur beklagen, dass sie ein uralter Wahn damals zu Bayerns erbittertsten Feinden machte. Sie haben seitdem ganz anders zu denken gelernt und ihre Torheit oft bereut.

Während aller dieser Märsche und Züge, der Treffen, Gefahren und Abenteuer vergaß ich keinen Augenblick meine Walpurga. Wir schrieben uns durch die Feldpost und in Hall war es, wo ich bei dem Kompaniekommando um die Erlaubnis zur Heirat anhielt. Mein Gesuch wurde natürlich abgeschlagen, da ich die vorgeschriebene Kaution nicht entrichten konnte. Aber die Vorsehung half uns durch gute Menschen. Meine Geliebte hatte sich 150 fl. erspart, andere 150 fl. schenkte uns ihre alte gutmütige Base, und ein hochstehender Gönner entwarf mir eine Bittschrift an den König, worin ich mich erbot die Kaution eines Gemeinen, nämlich 300 fl. zu leisten, den Korporalstock abzulegen und als Gemeiner einzutreten. Aber der gute, edle König Max erließ mir auch ohne Ablegung des Stockes 200 fl. an der Kaution mit dem Bemerken, dass mein Gesuch neuerdings eingereicht werden solle.

Mittlerweile wurde es Frieden. Wir kamen zurück nach Landshut, unserer Garnison. Hier wurde mein Gesuch eingereicht. Noch ehe die königliche Entscheidung eintraf, wurde das Regiment nach Nürnberg versetzt, wo es im August 1810 einrückte.

4.Kapitel
In Nürnberg

Die Verlegung des Regiments nach Nürnberg war ein Donnerschlag für uns, da wir Altbayern alle glaubten, außer Altbayern gebe es keinen glücklichen Aufenthalt. Auch mich ergriff ein schwere Missmut über meine neue Garnison und als wir nach Nürnberg gekommen waren, verließ ich sechs Monate lang die Kaserne nicht, wenn mich nicht Dienstverrichtungen dazu zwangen.

Ich lebte wie eine Nachteule im hohlen Baum - so stark war das Vorurteil bei Menschen ohne Vorbildung und Welterfahrung. Nur Walpurga, die mir gefolgt war und hier die Heiratsbewilligung abwartete, konnte mir den neuen Aufenthalt versüßen. Es missfiel mir alles, die Häuser, Gassen, alles kam mir schwarz und finster vor.

Eines Tage beredeten mich meine Kameraden, das Theater zu besuchen. Ich war immer ein großer Freund davon gewesen und hatte in München, wo ich oft als Unteroffizier ins Theater kommandiert war und später in Hall viele Darstellungen gesehen, die mich sehr ergriffen hatten.

Aber vom Nürnberger Theater konnte ich mir nichts versprechen. Wie angenehm wurde ich aber enttäuscht! Man gab die "Teufelsmühle" und die Vorstellung behagte mir ausnehmend. Ich behielt die munteren Volksmelodien und Gesänge sogleich im Gedächtnis und erinnere mich deren noch jetzt.

Ich taute gleichsam auf durch den Zauber der Kunst und Musik. Nun hatte ich auch schon den Mut, während eines Zwischenaktes der Aufforderung meiner Kameraden zu folgen und in das nahe gelegene Gasthaus des Herrn Horn zu gehen und mich mit einem Glase Bier zu erquicken. Etwas scheu und finster trat ich ein und sah mich nach einem Platze um. Da redeten mich mehrere Bürger mit freundlichen Gesichtern an, boten mir einen Platz an und luden mich ein, mich unter ihnen niederzulassen. Eine solche Artigkeit und Herzlichkeit überraschte mich gewaltig. Ich hatte mir von den Nürnbergern ganz andere Vorstellungen gemacht. Meine ganze Seele erheiterte sich. Ich nahm Platz und fühlte mich so glücklich, dass ich in der Folge fast jeden Abend bei Horn zubrachte.

Zu diesem neugefundenen Glück gesellte sich noch das weit höhere meiner Verheiratung. Die königliche Bewilligung langte im Jahre 1811 endlich an. Gleich nach geschlossener Ehe rückte ich als Sergeant vor. Wer war glücklicher als ich? Wohin ich kam, war ich wohl aufgenommen und beliebt. Ich lebte wie ein Bürger unter glücklichen Bürgern, und Nürnberg war mir jetzt ein höchst angenehmer Aufenthalt.

5.Kapitel
Feldzug gegen Russland
1. Einmarsch in Feindesland

Nun kam das schreckliche Jahr 1812 und mit ihm der unglückliche Feldzug gegen Russland. Wir rückten am 11.März aus. Der Hauptmann Aniser war nun mein Kompaniekommandant. Viele Freunde gaben mir das Geleit bis Buch, wo wir nun unter wechselseitigen Segenswünschen voneinander schieden.

Ich maße mir nicht an, den russischen Feldzug beschreiben zu wollen. Das ist schon oft mit großer Einsicht und Sachkenntnis und mit einem Überblick über das Ganze geschehen, den ich armseliger Sergeant von meinem nur beschränkten Standpunkt aus nicht haben konnte. Nur meine Leiden, Schicksale und Abenteuer in diesem verhängnisvollen Feldzuge wage ich schlicht und der Wahrheit getreu zu erzählen.

Unser Marsch ging durch Sachsen und Preußen und das Großherzogtum Warschau. Anfang Juli überschritten wir die russische Grenze. Ich bin nicht imstande die Ortschaften, durch die wir zogen, mit Namen zu nennen, da mir mein Tagebuch nebst allen anderen Papieren in der Gefangenschaft abgenommen wurde, weshalb ich in dieser Beziehung um etwas Nachsicht bitte.

In der Gegend von Memel mag es vor unserer Ankunft nicht eben säuberlich zugegangen sein; denn wir fanden zahllose zertrümmerte Bagagewagen und tote Pferde. Auch liefen viele abgemagerte Pferde herum. Die Offiziere machten meine Frau darauf aufmerksam und rieten ihr, sich aus diesen Überbleibseln ein Fuhrwerk zu bereiten. Sie ließ sich das nicht zweimal sagen. Die Soldaten der Kompanie boten ihr eine hilfreiche Hand, und in Kurzem war ein Wagen hergestellt und mit zwei Pferden bespannt. Ich war froh, dass ich meinen Tornister nun nicht mehr zu tragen brauchte.

Wir setzten unseren Marsch mehrere Tage lang fort. Alles Fuhrwerk - Kanonen und Munitionswagen ausgenommen - mussten abgesondert entweder vor oder hinter der Truppe fahren. Meine Frau machte sich deshalb jedes Mal eine Stunde vor unserem Aufbruche mit dem Bagage- u.a. Wagen auf den Weg.

Als wir eines Tages auf dem Platz ankamen, wo sich die Division versammeln sollte, sah ich schon von Ferne in einem See etwas herumschwimmen, das ich aber nicht unterscheiden konnte. Als wir näher kamen, schrieen die Soldaten: "Herr Sergeant, ihre Frau ist dort mitten im See in größter Lebensgefahr!"

Man denke sich meinen Schreck! Ich rannte aus Leibeskräften dem See zu. Viele Zuschauer standen am Ufer; aber keiner wagte sich hinein. Endlich, noch ehe ich das Ufer erreicht hatte, sah ich einen Soldaten Waffen, Rock und Schuhe abwerfen, sich in das Wasser stürzen, auf den Wagen zuschwimmen und die Zügel der Pferde ergreifen. Nicht ohne Lebensgefahr brachte er das Gefährt an Land. Triefend stand meine Frau am Ufer.

Ihr Retter war ein Franzose. Ich wollte ihm einen Krontaler geben; aber beleidigt wies er das Geschenk zurück, indem er in gebrochenem Deutsch sagte: "Nik so, Kamerad! Das nit schön! Ik deine Frau rett', du meine Frau auch rett', wenn sie fällt in die Wasser."

Der gute Franzose irrte sich. Ich hätte es wohl bleiben lassen müssen seine Frau aus dem Wasser zu holen; denn ich konnte ja gar nicht schwimmen.

Später erfuhr ich, dass auch Generalleutnant Graf Wrede den Franzosen für seine Tat belohnen wollte; aber auch von ihm nahm der edle Mann nichts an. Mich schmerzte am meisten, dass ich nicht mit ihm sprechen konnte, da keines des anderen Sprache verstand. Ich weiß nicht einmal, wie er heißt und habe nie wieder von ihm gehört.

Meine Frau war ohne ihr Verschulden in die Gefahr geraten. Es war ein sehr heißer Tag. Die Pferde waren von großem Durst gepeinigt. Als sie nun das Wasser erblickten, rissen sie ihr die Zügel aus den Händen und stürzten sich mit dem Wagen vom hohen Ufer hinab in den See.

Von unserem Sammelplatz brachen wir nach Wilna auf. Je weiter wir kamen, desto größer wurde die Zahl der toten Pferde, die überall herumlagen. Sie verbreiteten einen Pestgeruch, von dem viele Soldaten krank wurden. Hier schon fehlte es an Lebensmitteln, besonders an Fleisch. Daher wurde eines Tages vier Sergeanten, worunter auch ich war, befohlen, Vieh aufzutreiben und für das Regiment wegzunehmen. Jeder von uns schlug mit je 40 Soldaten eine beliebige Richtung ein.

Ich hatte mein Augenmerk auf einen Wald gerichtet, hinter welchem ich auf eine Herde zu stoßen hoffte. Ich hatte mich nicht geirrt. Nachdem wir ungefähr zwei Stunden Weges zurückgelegt hatten, öffnete sich der Wald und vor uns lag eine große Heide, auf der viel Hornvieh weidete. In der Ferne erblickten wir ein großes Dorf. Wir umzingelten die Herde, die aus ungefähr 100 Stück bestehen mochte, und fingen an sie fortzutreiben, als ein großer Haufen von Bauern wie ein toller Bienenschwarm aus dem Dorfe strömte. Alle waren mit Äxten, Sensen, Mistgabeln bewaffnet. Ich ließ 20 Mann gegen sie Front machen. Als ich die Überzahl der Bauern, die immer näher kamen und Miene machten uns anzugreifen, sah, ließ ich einige Gewehre über ihre Köpfe losfeuern, damit sie die Kugeln sausen hörten; denn ich hatte Befehl so viel wie möglich Menschenblut zu schonen und nur im äußersten Notfalle von der Waffe Gebrauch zu machen. Die Schüsse verfehlten ihre Wirkung nicht. Die Bauern stutzten, hielten im Verfolgen inne und schienen zu beratschlagen. Ich trieb das Vieh dem Walde zu. Aber die Tiere, die durch das Schimmern und Rasseln der Gewehre und besonders durch die Schüsse scheu geworden waren, rissen nach allen Seiten aus. Wir hatten keine Zeit mehr, sie wieder einzufangen.

Als wir wieder im Lager ankamen, hatten wir noch 10 Stück: 6 Ochsen und 4 Kühe. Einige Bauern waren und gefolgt und trafen gleichzeitig mit uns ein. Sie warfen sich unserem Oberst Baron von Habermann zu Füßen und flehten um die Rückgabe der Tiere. Es wurde ihnen durch einen Dolmetscher, einem Polen, bedeutet, dass die Armee gezwungen sei, sich selbst zu nehmen, was man ihr nicht regelmäßig liefere. Nun baten sie nur um die Kühe und der Oberst gab ihnen wirklich drei davon zurück, worauf sie ihm nach ihrer knechtischen Weise die Füße zu küssen suchten. Vergnügt zogen sie ab.

Die übrigen drei Sergeanten waren nicht so glücklich gewesen wie ich. Einer hatte nur ein paar Stücke erhaschen können, die beiden anderen brachten gar nichts mit.

Mitte Juli erreichten wir die Gegend von Wilna. Zwei Stunden von der Stadt bezog die bayerische Armee ein Lager. Unglücklicherweise war die ganze Gegend mit toten Pferden bedeckt, wovon den meisten die Haut abgezogen worden war. Bei der herrschenden Sonnenhitze war der Gestank fast unerträglich. Kein Wunder, dass so täglich mehrere Soldaten erkrankten und ins Hospital nach Wilna gebracht werden mussten.

Am 14.Juli war eine sehr große Heerschau. Napoleon, der sich in seinem einfachen Frack sehr von seiner in Gold strotzenden Umgebung abstach, ließ uns vorbeidefilieren. Unsere Haltung und unser Aussehen gefielen ihm ungemein.

Er pflegte die Bayern seine „deutsche Garde" zu nennen. Ein Tagesbefehl überhäufte uns dazu mit Lob.

2. Kreuz und quer im Gebiete der Düna

Wir marschierten über Wilna hinaus und setzten unseren Marsch durch viele Ortschaften und Städtchen nach Polozk fort. Der Marsch war anstrengend genug; denn wir rückten am Abend sehr spät in unser Nachtlager ein und brachen am anderen Morgen sehr früh wieder auf.

Endlich erreichten wir Polozk, das nachherige große Bayerngrab. Wir vereinigten uns dort mit anderen Truppen aus verschiedenen Nationen und bezogen das uns angewiesene Lager. Die Gesamtstärke dieses Korps betrug ungefähr 50.000 Mann. Hier sollten wir die Russen erwarten. Aber plötzlich erhielten wir Bayern den Befehl zu marschieren.

Wir drangen von Polozk aus ungefähr 20 Stunden landeinwärts vor. Dann aber kehrten wir in Eilmärschen, auf denen wir gar oft die tief einsinkenden Kanonen aus dem feuchten Erdreich ziehen mussten, wieder nach Polozk zurück. Hier begann eine mörderische dreitägige Schlacht am 16., 17. und 18.August.

Die Russen trachteten um jeden Preis die Stadt zu nehmen. Sie wurden aber an allen Punkten zurückgewiesen und am dritten Tage endlich zum Weichen gebracht.

Am ersten Schlachttag kam ich nicht ins Feuer. Am zweiten hielten wir rückwärts auf einer Anhöhe, während das I.Bataillon weiter vorn bei einem Walde im Feuer stand. Uns zur Rechten war die 1.Division aufgestellt, und auf diese, sowie auf unsere Kavallerie feuerte die links von uns aufgefahrene russische Artillerie. Allein die russischen Kugeln erreichten wegen der weiten Entfernung die Division nicht, sondern schlugen fast alle bei uns ein und taten uns großen Schaden, ohne dass die Russen vielleicht darum wussten; denn ich glaube nicht, dass es auf uns gemünzt war.

Während des Gefechtes kam meine Frau herbei und brachte mir Brot. Wir wunderten uns über ihre Kühnheit, und die Offiziere fragten sie, wie sie sich dem Kugelregen aussetzen möge, wo sie so leicht verunglücken könne.

„Wenn mein Mann verunglückt, ist es ebenso viel", sagte sie, „ich muss für ihn sorgen, im Feld wie zu Hause; das ist meine Schuldigkeit."

Endlich kam Oberst Baron von Habermann herangesprengt und befahl dem Major von Flad, das Bataillon aus dem Feuer zu bringen, da es hier doch nichts bewirken könne und unnützer Weise Leute verliere. Wir zogen uns daraufhin zurück.

Am dritten Schlachttage rückten wir gegen einen Wald vor, um die Russen zu überfallen. Hier bekam ich den Generalleutnant Grafen Wrede zu Gesicht, der zu Fuß ging, da er der Diarrhöe wegen, an der er litt, nicht mehr zu Pferde steigen konnte. Wir Soldaten wunderten uns, dass ein so vornehmer Herr, für dessen Nahrung und Pflege doch vor allem gesorgt werden müsse, ebenfalls von diesem Übel befallen werden könne. Aber damals blieb niemand von der Krankheit verschont, und die Armee litt unsäglich unter ihr. Wir nahmen den Wald in solch stürmischer Eile, dass wir die russischen Feuer mit den kochenden Speisen noch vorfanden. Die Nacht brach ein und wir blieben stehen.

Am vierten Tage marschierten wir über das Schlachtfeld hinaus, das mit toten Russen bedeckt war. Wir rückten durch große und dichte Wälder auf ein Posthaus vor, wo wir Halt machten. Hier - mitten im Wald - bezog das Regiment ein Lager. Wir litten Mangel an Allem, Brot war keines zu haben. Wir lebten von dem schlechtesten Fleisch; viele Soldaten gingen in die Wälder und suchten Wurzeln und Kräuter, die aber oft schädlich waren und Krankheit und Wahnsinn verursachten. Unser aller Elend war so groß. Da wir es aber in der Kameradschaft erlitten, so behaupteten wir noch immer unseren Mut. Ja wir scherzten oft darüber, und mehrere von uns machten den anderen weis, die Brotwagen seien schon in der Nähe; von den hohen Bäumen müsse man sie herankommen sehen.

Da stiegen einige, die noch Kraft genug hatten, auf die Gipfel der Bäume, und da sie nichts erschauen konnten, wurden sie tüchtig ausgelacht. So treibt denn der Mensch Scherz mit seinem Elende. Endlich kamen die Brotwagen, aber nur so wenige, dass 16 Mann einen Laib Brot bekamen.

Am bittersten empfanden wir den Mangel an Wasser. In der ganzen Gegend war keine Quelle. Wir mussten unseren Durst aus einer großen Pfütze löschen; Wasser konnte man die braune Brühe, die zudem von unzähligen Würmern wimmelte, unmöglich nennen. Kein Wunder, dass viele Krankheiten entstanden. Die Ärzte ordneten an, dass die Flüssigkeit vor dem Gebrauch gesotten und durchgeseiht werden müsse. Damit wir wenigstens keine Insekten mit verschluckten. Wir gruben Löcher, weil wir hofften auf Wasser zu kommen; allein immer trafen wir auf eine solche braune Jauche. Endlich wurde am Posthaus ein Brunnen entdeckt, der gutes, aber etwas süßes Wasser gab. Bei ihm wurde nun eine Wache postiert, damit der Brunnen nicht zu früh erschöpft würde. Dennoch hatten wir ihn bald ausgetrunken, und auf dem Grunde fanden wir - welch ein Ekel für uns - ein Menschenbein, das oben am Schenkel abgenommen und von den Russen wahrscheinlich absichtlich in den Brunnen geworfen worden war. Nun konnten wir uns auch den so süßlichen Geschmack des Wassers erklären. Niemand trank danach mehr aus dem Brunnen.

Einmal lag ich vor Hunger ermattet unter einem Baum. Es mochte etwa Mitternacht sein, als ich endlich einschlief. Plötzlich weckte mich jemand. Ich fuhr auf. Es war meine Frau. Ich staunte sie an.

„Wo in aller Welt kommst Du her?", fragte ich.

„Von Polozk", sagte sie, „ich habe jemand gefunden, der auf die Pferde Acht gibt und komme, Dir etwas Schnaps und Brot zu bringen."

„Aber wie bist Du durch all das Militär gedrungen, das im Rücken steht und noch dazu des Nachts?"

„Ei", sagte sie, „sie haben mich wohl oft angerufen, bald Franzosen, bald Schweizer, bald andere Deutsche; aber ich habe auf das „qui vive?"[6] wie jeder „bon ami!"[7] geantwortet und sie ließen mich überall durch. Ich bin ja eine Soldatenfrau und brauche mich vor den Soldaten nicht zu scheuen."

So hat sich mein treues Weib durch kein Hindernis abschrecken lassen mich aufzusuchen und zu erquicken. Nachdem sie mich gelabt hatte, ging sie wieder zurück, da sie Pferd und Wagen nicht zu lange fremden Händen überlassen durfte.

Einige Zeit später darauf bekamen wir Befehl nach Polozk ins Lager zurückzumarschieren. Doch auch da ging es uns nicht viel besser. Es war September geworden; Kälte, Schnee und Regen wirkten verderblich auf die Gesundheit der Mannschaft, die ohnehin durch die Entbehrungen und durch die Diarrhöe gelitten hatte. Schon bei unserem ersten Marsch auf Polozk war ich von dieser Krankheit befallen worden, jedoch nicht stark und da ich damals noch bei Kräften war, so überwand ich das Übel. Jetzt aber befiel es mich neuerdings und bereitete mir fast unerträgliche Schmerzen. Die Krämpfe im Unterleib waren fürchterlich. Ich krümmte mich oft wie ein Wurm und schien dem Tode nahe. Man denke sich ein solches Leiden ohne Arznei, aller Hilfsmittel beraubt, unter freiem Himmel in kalter und nasser Witterung! Meine Frau suchte Hilfe bei dem Regimentsarzt Schmitt.

Da er aber selbst leidend niederlag, konnte er ihr nur den Rat geben, mich sobald als möglich unter ein Dach zu bringen. Eine Kirche in Polozk war zur Aufnahme der Kranken eingerichtet worden. In ihr lagen sie reihenweise nebeneinander. Man reichte ihnen einen braunen Trank aus Wermut, der in der Gegend häufig wächst. Dieser Trank wurde jedem, seine Krankheit mochten heißen wie sie wollte, eingegossen. Nur wenige von denen, die dahin gebracht wurden, kamen zurück. Fast alle starben! In dieses Totengewölbe wollte ich mich nicht schaffen lassen; lieber wollte ich unter Gottes freiem Himmel sterben.

---

6 „Qui vive?" - Postenruf der französischen Armee: „Wer da?"

7 „Bon ami!" - Antwort auf den Postenruf: „Guter Freund!"

Endlich fand meine Frau in der Nähe der Stadt ein Haus, in dem bereits ein kranker bayerischer Offizier lag. Dahin fuhr sie mich in ihrem Wägelein mit den zwei Pferden, die sie immer noch hatte. Außer dem Offizier und mir lag noch ein Kranker da, ein Gastwirtsohn aus Nürnberg, namens Hannenberg, der an einer Nervenkrankheit litt. Er war im Dienst des Oberleutnants und Regiments-Adjutanten Baron von Plummern, der ihn als einen sehr braven Mann meiner Frau zur Pflege empfahl, wofür er ihr Ersatz zu leisten versprach. Meine Frau tat ihr Möglichstes; allein sie wurde der Arbeit bald überhoben, da eines Nachts Hannenberg in der Fieberhitze im Hemde entlief und, wie man später erfuhr, durch Wind und Wetter schreitend, in ein französisches Lager geriet, wo er in der Raserei starb.

Unter Dach war ich nun; aber die schrecklichen Leibschmerzen und die Diarrhöe ließen nicht nach. Ich wurde schwach wie ein Kind und musste ganz so behandelt und gepflegt werden. Meine Frau erwartete in unsäglicher Angst jeden Augenblick mein Ende. Aber die Vorsehung hatte es anders beschlossen. Der Bediente des kranken Offiziers hatte eine gute Quelle in der Gegend entdeckt und verriet sie dann meiner Frau. Da mit meiner Krankheit der quälendste Durst verbunden war, so bat ich meine Frau, mich doch vor meinem Ende noch genug trinken zu lassen; dann wollte ich gerne sterben. Wer den Durst kennt, diese schrecklichste aller Qualen, die weit ärger ist als der Hunger, der wird mir diesen Wunsch verzeihen.

Uns Diarrhöekranken war das Trinken von den Ärzten strengstens untersagt worden, zumal es kein anderes Wasser als das aus der Düna oder aus den Sümpfen gab. Meine Frau erhörte meine Bitte und brachte mir zwei Flaschen von dem guten Quellwasser. Sie erlaubte mir ein paar Schluck zu trinken. Aber sobald ich die Flasche zwischen den Zähnen hatte, ließ ich sie nicht wieder los, bis sie gänzlich geleert war. Unbeschreiblich ist das Wonnegefühl, das mich mit diesem Wasser durchströmte.

„So", rief ich aus, indem ich meiner jammernden Frau die Flasche zurückgab, „nun bin ich satt! Nun mag der Tod kommen!"

Aber er kam nicht. Das gute Wasser wirkte wie ein Heilmittel, die Diarrhöe wurde immer seltener. Nun gewann ich wieder neuen Lebensmut. Sobald sich der Durst wieder einstellte, trank ich auch die zweite Flasche rein aus. Die Diarrhöe wich allmählich gänzlich. Ich fühlte mich wie neu geboren.

Leider wurde unserem Haushalt hier bald ein Ende gemacht. Es kamen bayerische Soldaten, die Brennholz suchen sollten. Sie fingen an, die hölzernen Hauser einzureißen. Dies geschah - ohne jede Rücksicht auf den kranken Offizier und auf uns - auch mit unserem Hause.

„Wir können es nicht kehren", sagten die Soldaten; „wir müssen das Holz haben, sonst erfrieren wir im Lager."

So war es auch. Und da sich niemand mehr in die Wälder wagen durfte, wo die Russen schon lauerten, so konnte man die Häuser nicht schonen.

Zum Glück für mich kam bald die Nachricht, dass sich jeder Dienstunfähige, der noch marschieren könne, zurück nach Dokszyce, etwa 24 - 30 Stunden hinter der Armee, zu begeben habe, wo der Oberleutnant von Furtenbach Etappenkommandant war. Meine Frau packte mich auf unser Fuhrwerk, leider mussten wir den kranken Offizier zurücklassen. Der Himmel weiß allein, was aus ihm geworden ist, als die Hütte völlig abgetragen war.

Langsam bewegten wir uns mit anderen Mannschaften, von denen sich ein jeder fortschleppte, so gut er konnte, zurück nach Dokszyce, wo wir nach vier oder fünf Tagen ankamen. Ich hielt vor dem Bauernhause und begehrte von der Bäuerin gegen Bezahlung Brot und Butter. Da es hier genug Lebensmittel gab, die bloß wegen dem Pferdemangel der Armee nicht nachgefahren werden konnten, so bekam ich beides, wofür ich der Frau einen polnischen Gulden[8] zahlte. Ich hatte während meiner Krankheit nicht einen Bissen gegessen und mein Hunger war jetzt so stark, dass ich trotz des Abmahnens meiner besorgten Frau den ganzen Laib Brot, der so groß war wie ein Kommisslaib, nebst der Butter auf einmal aufaß. Es schadete mir nicht im geringsten. Tags darauf fühlte ich mich ganz gesund und kräftig. Nun hatte ich auch schon keine Ruhe mehr. Ich sehnte mich zu meinem Regiment zurück und wäre mir wie ein Deserteur vorgekommen, wäre ich länger fern geblieben.

Wie machten uns also noch an demselben Tag wieder auf den Weg nach Polozk. Aber zu meinem großen Erstaunen fanden wir das Regiment nicht mehr da. Die ganze Brigade des Brigadiers und Obersten von Ströhl war nach dem Städtchen Disna aufgebrochen, das etwa zwölf Stunden westlich von Polozk an der Mündung der Disna in die Düna liegt. Da wir bei guter Zeit in Polozk angekommen waren und sich noch ein Soldat zu uns gesellte, so machten wir uns drei sogleich auf den Weg, um der Brigade zu folgen.

Wir kamen immer tiefer und tiefer in einen großen Wald hinein. Als uns die Nacht überfiel, trafen wir auf eine Schenke und ich beschloss in ihr zu übernachten. Das Haus war von allen Bewohnern verlassen und lag zur Hälfte in Trümmern; doch war noch Obdach genug für uns drei. Ich sagte zu meiner Frau und dem Soldaten, sie möchten Feuer machen und eine Suppe kochen. Indessen wollte ich mich in der Stube zur Ruhe legen; denn ich war sehr abgemattet. Ich trat hinein, stolperte aber gleich an der Schwelle im Dunkeln über einen Gegenstand, fiel zu Boden und schlug dabei mit der Hand einem Menschen ins Gesicht.

Ich schrie: „Wer da?"

Keine Antwort! Niemand regte sich. Nun rief ich dem Soldaten zu, er solle Licht bringen. Er kam. Welch ein Schreck! Die Stube lag voll toter Bayern. Der ganze Fußboden und alle Winkel waren mit Leichen bedeckt, die sich hingelegt zu haben schienen, um auszuruhen, die aber alle elendig vor Hunger, Elend und Müdigkeit verschmachtet waren. Ein Anblick, viel schauerlicher als die Gefallenen in offener Schlacht! Auch in den übrigen Teilen des Hauses, die wir durchsuchten, lagen Tote zerstreut herum, so dass ich nicht bleiben wollte.

„Lieber will ich im Wald unter freiem Himmel übernachten", sagte ich, „als in diesen Gemächern des Todes."

---

[8] 1 polnischer Gulden = 0,49 DM

Wir zogen weiter. Nach Verlauf einer Stunde erblickten wir durchs Gebüsch ein Licht. Wir gingen darauf zu, trafen auf einige Bauernhäuser und klopften an die Türe. Zwei große bärtige Männer traten heraus und fragten nach unserem Begehr. Wir hatten uns schon so viel vom Russischen angeeignet, um ihnen verständlich zu machen, dass wir bei ihnen übernachten wollten.

Sie sperrten sich anfangs dagegen, bis wir ihnen Geld boten. Dann nahmen sie uns auf; aber auf ihren Gesichtern spiegelte sich etwas Unheimliches. Sie sahen uns mit ganz scheelen Blicken an, streckten die Köpfe zusammen und flüsterten, als ob sie überlegten, was mit uns wohl anzufangen wäre. Wir waren freilich so vorsichtig gewesen ihnen weiszumachen, dass uns ein ganzer Trupp Mannschaft auf dem Fuße folge; aber wir trauten ihnen doch nicht.

Sie gingen bald hinaus, bald wieder herein; andere gesellten sich zu ihnen, so dass wir alle Ursache hatten Argwohn zu schöpfen. Meine Frau hatte die Pferde in einer Scheune untergebracht. Beherzt wie sie war, entschloss sie sich, die Nacht draußen auf ihrem Wagen gleichsam als Schildwache zuzubringen. Der Soldat und ich blieben in der Stube, wo wir durch die kleinen Fensterchen den Wagen draußen sehen konnten. Auch hielten wir unsere geladenen Gewehre immer bereit. So hatten wir zwar ein Obdach, aber keine Ruhe; denn wir konnten alle drei kein Auge zutun. Unter immerwährenden Kämpfen zwischen Wachen und Schlafen erwarteten wir den Tag.

Wir bekamen von den Bauern etwas Milch zum Frühstück, wofür wir ihnen ein paar kleine preußische Münzen gaben, die man Düt nennt, brachen auf und dankten Gott, als wir das verdächtige Haus im Rücken hatten.

Gegen Abend kamen wir nach Disna, wo wir das Regiment trafen. Noch an dem gleichen Tage ging die Brigade wieder über die Düna zurück und bezog ein Lager. In der Folgezeit zogen wir noch mehrmals hinüber und herüber. Die Brigade hatte nämlich den Auftrag die Russen, die wohl doppelt so stark waren wie wir, aufzuhalten. Wir waren also durch die Bewegungen der Russen zu solchem Hin und Her gezwungen. Bei dem nächtlichen Übergang über die Düna, die zwar nicht tief, aber reißend ist, stand ich große Angst um meine Frau aus, die in ihrem so schwachen Wägelchen bei Nacht und Nebel durch das Wasser musste, während wir eine schlechte Brücke passierten, die kein Wagen befahren durfte. Eine Frau im Feld ist wohl in tausend Fällen eine große Hilfe für ihren Mann und kann, wie es sich an mir erwies, seine Retterin und Erhalterin werden; aber unbeschreiblich ist dafür auch die Angst, die man oft um sie leidet.

Wir standen einst wieder diesseits der Düna auf einer kleinen Anhöhe, die mit einem jungen Birkenwäldchen bekränzt war. In diesen ganz kleinen Büschen konnte sich unser ganzes Regiment bergen; denn es bestand kaum aus 100 Mann. Die 6.Füsilier-Kompanie, bei der ich stand, zählte alles in allem 4 Offiziere, 8 Unteroffiziere und 7, sage sieben Gemeine! Ebenso stand es um die anderen Kompanien und nur die Schützen hatten weniger gelitten und waren noch etwas zahlreicher.

In dieser Stellung feierten wir unsere letzten guten Tage. Wir machten uns förmlich ansässig, bauten Hütten von Stroh, was uns leicht wurde, da die Scheunen von der Ernte noch voll waren. Eine Bäckerei wurde angelegt und durch den Sergeanten Zimmermann besorgt. Wir bekamen regelmäßig Brot, sogar etwas Schnaps und Hülsenfrüchte aus dem Magazin, das der Regiments-Quartiermeister Neumann angelegt hatte.

Hier traf uns die Nachricht vom Einrücken der Großen Armee in Moskau. Es hieß auch, wir würden Winterquartiere beziehen. Ein Armeebefehl Napoleons sicherte jedem Soldaten, der durch seine Wunden dienstunfähig werde, eine Pension von 500 Franken zu; ebenso viel sollten die Witwen der Gebliebenen von Frankreich beziehen. Dies belebte uns alle mit frischem Mute.

Welche Freude, welche herrlichen Aussichten! Es schien, als ob uns nichts zu wünschen übrig bliebe. Wir sangen lustige Lieder aus Opern, die wir in Nürnberg gehört hatten und waren guter Dinge. Aber diese Freude war nur von kurzer Dauer. Schon nach einigen Tagen bemerkten wir, dass unsere Offiziere niedergeschlagen herumgingen, zusammen flüsterten und bedenkliche Gesichter machten. Auch fielen hin und wieder einzelne Worte von Schiefgehen, von einem Brande in Moskau usw.

Eines Tages, ich weiß aber weder Datum noch Monat, denn es gab keine Zeitrechnung mehr bei uns, erblickten wir in der Ferne Kosaken, woraus wir auf die Annäherung einer russischen Streitmacht schlossen. Die Vermutung erwies sich bald als wahr; denn die russische Artillerie fuhr auf und fing an uns zu beschießen, freilich aus solch unsinniger Entfernung, dass wir ihre Kanonen kaum mit freiem Auge sehen konnten. Sie schossen wohl über die zwei Flüsse, die Düna und die Disna, brachten aber keine einzige Kugel bis zu uns. Alle schlugen etwa 20 Schritte weit vor uns in die Erde. Wir stellten uns zu einem Gliede auf, um unserer Linie zu verlängern und den Feind über unsere Anzahl zu täuschen.

Plötzlich erschien in unserem Rücken hinter dem Birkenwäldchen etwa auf Kanonenschussweite ein ganzes Regiment Kavallerie, das sich uns näherte. Nun mussten wir uns auch diesem entgegenstellen und es wurden Plänkler gegen dasselbe aufgestellt. So waren wir von allen Seiten, mit Ausnahme des Weges nach Polozk, von einer bedeutenden Übermacht umzingelt. Hätten die Russen ihr Handwerk besser verstanden, so hätten sie vor allem diese Lücke, unseren Rückzugsweg, gesperrt und wir wären alle verloren gewesen. Sie durften nur kommen und uns in Empfang nehmen.

Da wir uns in unserer Stellung nicht halten konnten, so wurde der Rückzug beschlossen. Wir bekamen Befehl, in der Nacht so viel Feuer anzuzünden als wir nur konnten, um den Feind glauben zu machen, wir wären zehnfach so stark als wir wirklich waren und wollten das Feld gegen sie behaupten. In aller Stille aber zogen wir so schnell wir konnten ab.

Kaum waren wir aber eine Viertelstunde marschiert, als ein dichter Regen fiel, der die Feuer auslöschte. Den Russen aber ging dadurch eine Fackel im Kopfe auf. Sie merkten, dass wir die Feuer verlassen hatten. Wahrscheinlich machten sie sich ungesäumt auf, uns zu verfolgen; denn mit Tagesanbruch waren sie uns schon auf den Fersen. Zum Glück für uns war die Nacht so stockfinster, dass man nicht die Hand vor den Augen sehen konnte: infolgedessen konnten uns die Russen nichts anhaben; sie mussten vielmehr das Tageslicht abwarten.

Es war einer unserer abenteuerlichsten und schrecklichsten Rückzüge. Wir tappten wie Blinde herum und verloren auf dem angebahnten Wege eine Menge Ausrüstungsgegenstände. Viele von uns stürzten in den Löchern und Pfützen zusammen. In welchem Zustande unsere Kleider und Schuhe waren, kann man sich denken. Regen, Kot, Finsternis und die Eile des Rückzugs vereinigten sich, um uns Arme, ohnehin schon Abgemattete noch mehr zu peinigen.

Endlich stießen wir auf einige Häuser oder Scheunen; denn was für Häuser es waren, konnten wir im Dunkeln nicht unterscheiden. Hier wurde Halt gemacht und da wir keine Ahnung hatten, dass uns die Kosaken auf dem Fuße folgten, so wurden einige Feuer angezündet. Jeder sank so, wo er stand, vor Müdigkeit zur Erde und schlief ein, unbekümmert, ob er auf der Erde oder in einer Pfütze lag. Ich lag in einem Feld, dessen Furchen voller Wasser waren und da ich beim Schein des Feuers sah, dass die Schützen das Stroh von den Dächern rissen, bat ich sie, einiges davon über mich zu werfen. Es geschah. Aber was half es mir? Halb lag ich im Wasser und der Regen drang durch das Stroh.

Die Rast währte indessen nicht lange. Als der Tag zu grauen anfing, mussten wir wieder aufbrechen. Unser Marsch führte uns durch mehrere eiskalte Gewässer. Man denke sich unser Elend! Dennoch ist es mir nicht erinnerlich, dass auch nur ein Soldat zurückgeblieben wäre. Bei unserer Kompanie wenigstens fehlte keiner; alle sieben waren vollzählig als wir uns wieder sammelten.

Als es Tag geworden war, erreichten wir einen schönen Wald von Eichen und Buchen. Wir durchzogen das Wäldchen. Als ich mich ein wenig abseits begeben hatte und etwas hinter der Truppe zurückgeblieben war, erblickte ich Kosaken, die mir auf den Fersen waren. Ich eilte so schnell ich konnte, um meine Leute einzuholen. Wir stellten uns hinter dem Walde auf und erwarteten den Feind. Die Russen griffen uns aber nicht an, sondern nahmen bloß Besitz von dem Wald. So sahen wir einander eine Zeit lang an; dann setzten wir unseren Rückmarsch ungestört fort. Nicht weit weg von da, auf einem Wiesengrund am Ufer eines Flusses machten wir Halt und stellten Vorposten aus. Auch wurde nun schleunigst eine Ordonnanz nach Polozk um Hilfstruppen abgeschickt.

Da wir von den Russen nicht weiter beunruhigt wurden, so machten wir mehrere Feuer an, um uns zu trocknen und zu erwärmen. Das größte Labsal aber geschah dadurch, dass wir unsere Wagen hier trafen. Welcher Erquickung, als mir meine Frau Brot und Schnaps brachte! Welches Glück, in solcher Lage eine

Freundin zu haben, die hilfreichen Beistand leistet! Welche Wohltat für mich, von Zeit zu Zeit eine liebreiche Pflege zu genießen!

Am Tage nach unserer Ankunft kam von Polozk ein französisches Chasseur-Regiment und 60 - 70 polnische Lanciers. Beim Anblick dieser Truppen jubelten wir laut auf; alles schrie: „Jetzt ist uns geholfen! Jetzt geht's wieder vorwärts nach Disna; da bekommen wir auch wieder Brot!" - Um Brot hätten wir uns mit der ganzen Welt herumgeschlagen.

Aber leider wurden unsere Hoffnung getäuscht. Die Russen rückten näher. Das französische Regiment stellte sich in einer Kolonne auf. Kaum war das geschehen, so fielen zwei Granatkugeln mitten in die Kolonne, die dadurch in Unordnung geriet. Der französische Kommandant befahl daraufhin seiner Kavallerie darauf den Rückzug, der in solcher Schnelligkeit erfolgte, dass einige unserer Leute an der Waldspitze überritten wurden. Bald darauf verloren wir diese Franzosen ganz aus dem Gesichte. Mit ihnen fuhren auch unsere zwei Kanonen davon; wir hätten sie auch nicht mehr zu decken vermocht.

Die polnischen Lanciers machten, ehe sie den Franzosen folgten, einen possierlichen Scheinangriff auf die russische Kavallerie. Sie ritten im Trab und mit gesenkten Lanzen auf sie zu. Als sie dann nahe beim Feind waren, richteten sie alle zugleich ihre Lanzen rasch in die Höhe, so dass durch die vielen flatternden Fähnlein das ganze russische Korps in eine unruhig wogende Bewegung geriet. Nach dieser Verhöhnung kehrte das kleine Häuflein Polen um und ritten in ruhiger Ordnung den Franzosen nach. Ein polnischer Unteroffizier schloss den Zug und ritt so ruhig einher, als ob es ein Spazierritt wäre. Plötzlich wurde er von zwei russischen Reitern angefallen. Rasch kehrte er um und im Nu hatte er die beiden Russen mit ein paar Säbelhieben vom Pferde gestreckt. Er brachte sie im Angesichte der ganzen russischen Kavallerie, die untätig zusah, als Gefangene mit. Wir alle klatschten in die Hände und schlugen ein schallendes Gelächter an.

Der Oberleutnant und Regiments-Adjutant Baron von Plummern beorderte mich, die beiden Gefangenen, es waren nach ihrer Angabe ein Rittmeister und ein Wachtmeister, nach Polozk zu transportieren. Als ich mich eben dazu anschickte, kam der polnische Unteroffizier und sagte, er wolle seine Gefangenen selbst nach Polozk bringen. Dies war mir sehr lieb; denn wir hätten einen vier Stunden langen Wald passieren müssen und da ich von dem erlittenen Elend sehr entkräftet war, so hätten mir die beiden Gefangenen leicht entweichen können.

Wir Bayern blieben also ganz allein zurück und standen am Saume eines Waldes, den die Russen mit Kanonen zu beschießen anfingen. Wir zogen uns in Eile bei Podwinie über die Düna zurück und stellten uns jenseits so auf, dass das Bataillon Buttler den rechten, wir die Mitte und das 11.Linien-Regiment den linken Flügel bildete.

An der Brücke, über welche wir marschiert waren, stand eine Mühle, die einem Juden gehörte. Da die Russen noch fern waren, so begaben sich mehrere Offiziere in die Mühle, wo Bier ausgeschenkt wurde. Meine Frau hatte uns mit ihrem Fuhrwerk schon seit dem frühesten Morgen verlassen und den Weg nach Polozk einschlagen müssen. Ich war also schon lange ohne Labung und der brennendste Durst quälte mich.

Ich trat also auch in die Mühle und begehrte nun ein halbes Garnitz[9] Bier. Der Jude aber antwortete mir in grober Weise, für mich hätte er kein Bier, sondern nur für die Herren Offiziere. Ich sagte, ich würde ihm den Trunk ebenso wie die Herren Offiziere bezahlen; aber er wies mich barsch ab. Ich war tief beleidigt und gekränkt, dass mir ein so gefühlloser Mensch einen Trunk versagte, der mir so Not tat.

Da rief mich der Oberleutnant von Reichert. „Trinken Sie mit mir", sagte der Ehrenmann, „was brauchen Sie sich mit dem Juden in einen Streit einzulassen?"

Wer war froher als ich? Niemals werde ich dem edlen Mann diesen Zug von Mitgefühl und Menschlichkeit vergessen. Ein Trunk in diesem Augenblicke war Tonnen Goldes wert.

Während wir unseren Durst löschten war die russische Infanterie angerückt; es fielen Schüsse und wir eilten alle auf unsere Posten. Die Brücke war abgeworfen worden und die Mühle in Brand gesteckt, um der russischen Artillerie die Annäherung zu erschweren. Ich bin nicht schadenfroh; aber als die Mühle brannte, hatte ich kein Mitleid mit dem Juden, der kein Mitleid mit mir gehabt hatte.

Die Russen griffen mit großer Übermacht an; die Kosaken setzten oberhalb von uns über den Fluss und kamen uns in die Flanke. So überflügelt traten wir nach einem ungleichen, aber hartnäckigen Kampfe, in welchem besonders das 11. Regiment durch die Beschießung aus einem Erlenwäldchen sehr litt, unseren Rückzug nach jenem Walde an, wo ich auf dem Hinweg das schlaflose Nachtlager gehabt hatte. Die Verwundeten fielen alle in Feindeshand. Wir sammelten uns in dem Walde, formierten eine Kolonne und sollten so den fünf Stunden langen Weg nach Polozk zurücklegen.

Plötzlich aber kam der Befehl Halt zu machen. Unser schwaches Häuflein musste in dem verwachsenen Buschwerk aufmarschieren. Unterdessen gewannen die Russen Zeit uns abermals zu überflügeln. Sie merkten, dass wir keine Kavallerie hatten und sprengten uns ganz auseinander. Nun suchte sich jeder einzeln zu retten so gut er konnte. Unsere Flucht aber war vergebens. Wir waren zu sehr abgemattet. Die russischen Husaren holten uns bald ein. Sie ritten in Karriere mitten zwischen uns durch, bis sie keinen Bayern mehr sahen. Dann kehrten sie um, legten ihre Lanzen[10] gegen uns ein und riefen zum Zeichen, dass wir uns ergeben sollten „Pardon!" zu.

Wir konnten uns nicht mehr zur Wehr setzen und mussten uns ergeben. Alle warfen die Gewehre weg. Nur ich war von dem Schreckensgedanken, russischer Gefangener zu sein, so betäubt, dass ich vergaß es wegzuwerfen. Dies hätte mir beinahe das Leben gekostet. Aber ein Husar, der wohl merken mochte, dass es nicht aus Widersetzlichkeit geschah, erwies mir den Liebesdienst und schlug mir das Gewehr mit seiner Lanze von der Schulter. Man mache sich einen Begriff von meinem Jammer! Wehrlos in russischer Gewalt, fern vom Regiment, von meiner Frau, die Schreckensaussicht ins tiefste Sibirien transportiert zu werden, vielleicht

---

9 Garnitz - russische Maßeinheit, etwa 1,5 Liter
10 Das zweite Glied dieses Regiments führte Lanzen

die Heimat nie wieder zu sehen! Mein schrecklichster Gedanke in diesem Augenblick war die Vorstellung, was für Kummer meine Frau um mich haben würde. Dieser Gedanke gab meinem Geist jetzt neue Schwungkraft. Ich sann nun auf Flucht, koste es, was es wolle.

Der Wald war groß und die Gelegenheit günstig. Kaum hatten uns die Husaren einige Minuten zurückgeführt, kaum hatte ich mich von der Atemlosigkeit und Anstrengung des Laufes wieder erholt, so nahm ich mit raschem Entschluss alle meine Kraft zusammen und sprang seitwärts in den Wald. Mehrere Gefangene folgten meinem Beispiele. Aber es wäre mir beinahe teuer zu stehen gekommen. Ein Husar sprengte mit eingelegter Lanze nach und ich begreife bis heute nicht, wie es möglich war, dass er mich nicht durch und durch spießte; denn er war immer nur ein paar Schritte hinter mir her. Ich benutzte aber das Terrain, wandte mich in vielen Krümmungen durch die Bäume, erreichte nun eine niedrige Dornenhecke, sprang darüber, blieb unglücklicherweise mit einem Bein in den Dornen hängen, riss das Beinkleid von oben bis unten entzwei, verwundete meinen Schenkel und stürzte jenseits über den Zaun hinunter.

Doch raffte ich mich schnell wieder auf und lief einem Sumpf zu, da ich hoffte, der Husar würde mir dahin nicht folgen können. Ich watete im Sumpf und passierte noch einen Graben, wo ich bis ans Knie ins Wasser sank. Nun war ich gerettet. Es war auch die höchste Zeit gewesen; denn der Husar war keine drei Schritte mehr von mir entfernt, als ich den Sumpf erreicht hatte, und meine Kräfte waren erschöpft. Ich setzte mich jenseits des Sumpfes im Gesträuch nieder, um auszuschnaufen. Da sah ich, wie ein Husar nicht weit von mir abstieg und seinem bis an die Knie versunkenen Pferde aus dem Moraste half.

„Hätte ich noch mein Gewehr", dachte ich, „ich wollte diese ungebetene Eskorte bezahlen!"

Ich war der Einzige von den Entsprungenen, der verfolgt wurde, vermutlich, weil der Russe mich für den Anstifter des Ausreißens hielt.

Als ich mich wieder erholt hatte, brach ich auf und drang weiter in den Wald ein. Bald fanden sich alle, die entwischt waren, zusammen; wir waren acht Mann. Dies war ein großer Trost für uns; denn nichts ist schrecklicher als in solcher Not allein zu sein. Wir hielten nun Rat, was zu tun sei und beschlossen vorsichtig nach Polozk zu marschieren. Wir durchzogen in der Richtung nach der genannten Stadt den Wald, der sehr dicht war und in dem wir oft über zusammengefaultes Holz wie über steile Hügel klettern mussten. Man sah, dass diese Wildnis wohl noch nie von Menschen betreten worden war.

Gegen Abend erreichten wir endlich den Saum des Waldes. Es wurde schon ziemlich dämmerig und es begann zu regnen. Da wir nicht wissen konnten, ob wir draußen auf Freunde oder Feinde stoßen würden, so schlichen wir gebückt einher und krochen endlich auf dem Bauche aus dem Walde ins Freie. Wir spähten vorsichtig umher und erblickten in der Ferne Soldaten in Mänteln und Tschakos. Ob es aber Russen oder Franzosen waren, das konnten wir in der Dunkelheit nicht unterscheiden. Plötzlich wurden Kanonen aufgefahren, gewendet und gegen unseren Wald gerichtet. Daraus schlossen wir, dass Franzosen vor uns seien. Dennoch trauten wir uns noch nicht. Endlich erkannten wir unsere Fuhrwesensoldaten an ihren tief hängenden Pferdehaarbüschen. Nun erst gingen wir auf sie zu.

Als wir bemerkt wurden, kamen uns sogleich Artillerieoffiziere freundlich entgegen. Nach vielen Fragen und Antworten wiesen sie uns ein nahes Dorf. Dort, sagten sie, sei unser Sammelplatz. Wir begaben uns sogleich dahin. Der erste Offizier, den ich traf, war mein Hauptmann von Zollern.

In der freudigen Überraschung mich, den verloren geglaubten, wieder zu sehen, rief er aus: „Wie? So hat der Teufel meinen Sergeanten doch nicht geholt?"

„Mich nicht", antwortete ich, „aber leider sonst Bayern genug."

„Haben Sie Hunger?", fuhr er fort.

„Gewaltigen", sagte ich, „denn ich habe in 22 Stunden keinen Bissen genossen."

„So kommen Sie hier ins Haus und laben Sie sich."

Wir traten in eine dunkle Stube, wo ein Licht düster brannte. Der gute Hauptmann bewirtete mich hier mit einem halben Laib Brot und etwas Schnaps.

„Teufel! Wie sehen Sie aus?", sagte er weiter, als er mein zerfetztes Beinkleid sah. „Ihr Schenkel ist ganz entblößt, geschwollen und ganz blutrünstig."

Ich erzählte ihm mein Abenteuer und versicherte ihm dabei, dieses schlechte Beinkleid habe mir das Leben gerettet; denn wäre es nicht so mürbe gewesen, seit meinem Ausmarsch von Nürnberg hatte ich es kaum ein paar Mal abgelegt, so wäre es nicht zerrissen und ich wäre von des Husaren Lanze durchbohrt worden.

„Wohlan", sagte er, „nun ruhen Sie die Nacht. Wie es morgen geht, mag Gott wissen."

Ich fragte nach meiner Frau; aber zu meiner größten Betrübnis konnte mir niemand Auskunft geben. Welche Pein für mich! Ich dachte nichts anderes, als dass sie den Russen in die Hände gefallen sei. Man stelle sich mein Gefühl bei diesem Gedanken vor! Mit blutendem Herzen aß ich meines Hauptmanns Brot.

Währenddem hörte man durch die Nacht ein ununterbrochenes Kanonenfeuer von Polozk her, wo man sich sehr mit Erbitterung schlug. Nun trat ein Adjutant ein, der den Offizieren das baldige Eintreffen des Generalleutnants Grafen Wrede ankündigte. Um die Herren Offiziere nicht zu stören, kroch ich unter eine von den Bänken, die rings an der Wand angebracht waren und schlief ein.

Plötzlich weckte mich aber ein Schmerz im Nacken. Ich fuhr mit einem Schrei auf. Der Adjutant hatte sich über mir auf der Bank hingestreckt. Im Schlummer war ihm der Fuß herabgeglitten und der Sporn hatte mich gerade ins Genick getroffen.

„Wer ist da drunten?", rief der Adjutant.

„Ein Sergeant vom 5.Regiment", antwortete ich.

„Tut mir Leid ", sagte der Adjutant, „ich kann aber nichts dafür."

Ich war froh, nicht hinausgewiesen zu werden, da hier der Sammelplatz für die Herrn Offiziere war und legte mich still wieder hin. Wenige Stunden darauf erscholl draußen in Ermangelung eine Tambours das Geschrei: „Soldaten, heraus aus den Häusern!"

Leutnant Weinig, unser Bataillons-Adjutant, stellte uns auf. Da keine Gemeinen mehr da waren, so mussten Unteroffiziere als Gemeine, ich als Korporal antreten. Ich zeigte dem Herrn Leutnant meinen entblößten und geschwollenen Schenkel, an dem die beiden entzweigerissenen Fetzen wie Flügel im Winde flatterten. Unterhosen hatte ich schon lange nicht mehr; sie waren mir stückweise vom Leibe gefallen. Da ich überdies hinkte und das Bein mich schmerzte, was bei der Kälte und der Nässe nicht zu verwundern war, so litt der Adjutant nicht, dass ich einrückte, sondern schickte mich als vorläufig dienstunfähig zurück. Ich ging auf Polozk zu, wo ich einige von meinem Regiment zu treffen hoffte.

Das Kanonen- und Gewehrfeuer dauerte ununterbrochen fort und Polozk stand in hellen Flammen, so dass ich auch auf weite Entfernung alle Gegenstände gut unterscheiden konnte. Ein paar dienstunfähige oder versprengte Unteroffiziere gesellten sich zu mir. Auf dem Wege genossen wir das schrecklich schöne nächtliche Schauspiel einer brennenden Stadt. Das schwere Geschütz spielte um und über sie. Die Unsrigen, von allen Seiten bedrängt, zogen sich in Eile aus der Stadt über die Schiffbrücke zurück.

Auf der Heide von Polozk traf ich auch den Sergeanten Bauerschmidt, der am Schenkel durch einen Schuss leicht verwundet war und hinkte. Diesen fragte ich, ob er meine Frau nicht gesehen habe. Er deutete auf eine Anhöhe und sagte, dass dort oben beim Kloster alle Fuhrwerke versammelt wären. Das war Musik für meine Ohren; denn ich glaubte, meine Frau sei gefangen, da ich seit zwei Tagen nichts von ihr vernommen hatte.

Ich kam beim Kloster an. Meine Frau fuhr zusammen, als sie mich erblickte. Sie glaubte meinen Geist zu sehen; denn die Hoboisten hatten ihr aus Schabernack weisgemacht, ich sei bei Podwini erschossen worden; sie hätten mich an der Brücke tot liegen sehen. So scherzten sie mit dem Tode, dem sie übrigens nie selbst ins Auge schauten, da sie immer zurückgeschickt wurden, sobald es Ernst wurde. Nach der ersten Freude des Wiedersehens stärkte mich meine Frau mit etwas Brot und Fleisch.

Bald kam die Nachricht, dass unser Regiment sich wieder einigermaßen gesammelt habe und ich begab mich mit mehreren Kameraden auf den Sammelplatz. Wir waren vom ganzen Regiment noch 40 bis 50 Mann.

3. Rückzug

Wir traten nun den Rückzug an; er war sehr traurig. Überall trafen wir auf Blessierte, die sich elend fortschleppten und uns um Hilfe anriefen. Aber wir mussten sie ihrem Schicksal überlassen. Sie blieben zurück und fielen später alle in Feindeshand. Die Trümmer der Armee bewegten sich auf verschiedenen Wegen weiter. Unserer führte, wenn ich mich noch recht entsinne, nach Rudnia. Stets von den Russen verfolgt, marschierten wir einen Tag und kamen abends, als es schon dämmerte an ein Städtchen, dessen Namen mir entfallen ist. Kaum hatten wir einen Lagerplatz gewählt, als russische Kavallerie gegen uns aufmarschierte. Wir lehnte uns in Halbmondform an das Städtchen. An beiden Flügeln standen Kanonen. Kaum begannen diese zu spielen, so ergriffen die Russen die Flucht.

Wir setzten nun unseren Marsch die ganze Nacht durch auf ungebahnten Wegen fort, immer querfeldein, über Wiesengründe und Äcker und passierten mehrere Gewässer. Hinter uns brachen wir stets die Stege und Brücken ab. Überall lagen Tote umher. Wir kamen nun an vielen Edelhöfen und Ortschaften vorbei. Überall brannten Feuer und Soldaten aller Nationen und Waffengattungen trieben sich umher.

In einem dieser Edelhöfe sah ich einige Bagagewagen. Einer davon schien der meiner Frau zu sein. Da es aber viele solcher Wagen gab und die Nacht mich täuschen konnte, so hatte ich dessen nicht weiter Acht gegeben, zumal ich wusste, dass die Wagen der Soldatenweiber der Truppe stets weit vorausgeschickt wurden. Meine Frau musste demnach schon voraus sein. Die Folge lehrte mich, dass ich leider recht gesehen und dass sich meine Frau hier leichtsinnig verspätet hatte.

Wir marschierten noch geraume Zeit, bis wir endlich an eine Platz kamen, wo rechts ein Wald und links eine Mühle stand. Auch einige andere Häuser und einen Kirchturm konnte ich wahrnehmen. Wir passierten eine Brücke, die von den Pionieren zum Teil abgeworfen, zum Teil in Brand gesteckt wurde, sobald alle Truppen am anderen Ufer waren. Da ich dienstfrei war, so eilte ich meine Frau aufzusuchen. Aber die war so wenig zu finden wie die Frau des Sergeanten Winkler, die ebenfalls ein Fuhrwerk besaß und gewöhnlich in Gesellschaft meiner Frau fuhr. Wir vermuteten, die beiden Frauen seien schon weiter voraus und trösteten uns so gut wir konnten.

Aber wie erschraken wir, als wir jenseits des Flusses im Schein der brennenden Brücke die beiden Weiber in ihren Wägelein ganz langsam daherfahren sahen! Da standen sie, getrennt von der Truppe, die Feinde vielleicht eine Viertelstunde weit hinter ihnen. Mich ergriff Angst um ihr Schicksal und Zorn über ihren Leichtsinn zugleich. Sergeant Winkler und ich rannten über die brennende Brücke. Wir schalten unsere Weiber, die in Tränen ausbrachen und erst jetzt die Gefahr erkannten, der sie ausgesetzt waren. Ich nahm nun meinen Tornister und einen Laib Brot vom Wagen.

„Nun magst Du", sagte ich, „Deinen Ranzen und das Branntweinfässchen auf den Rücken nehmen und sehen, wie Du zurecht kommst." Wir eilten alle vier über die Brücke zurück. Dabei schlugen die Flammen hoch über uns zusammen.

Nicht weit vom Ufer stand der Generalleutnant Graf Wrede mit verschränkten Armen und sah dem Brande zu. Die beiden Weiber flehten ihn um Hilfe und Rettung ihrer Wagen an. „Was begehrt Ihr von mir?", sagte er. „Kann ich etwa Eure Wagen herüber schaffen? Wäret Ihr rechtzeitig gekommen! Ich kann Euch nicht helfen."

In diesem Augenblick kamen zwei Chevaulegers angeritten, die sich ebenfalls verspätet hatten. Als sie die Brücke zerstört fanden, sprengten sie in den Fluss, den sie glücklich durchschwammen. Als dies Winkler sah, lief er wieder über die Brücke zurück, bestieg seinen Wagen, trieb die Pferde in den Fluss und kam glücklich zu uns. Ich kämpfte mit mir, ob ich es auch so machen solle. Aber der Gedanke, um eines elenden Gespannes Willen vielleicht mein Leben auf eine so unrühmliche Art einzubüßen und meine Frau zur Witwe zu machen, schreckte mich ab.

„Mag das Fuhrwerk verloren sein", dachte ich, „mein Leben gehört dem König und dem Vaterlande."

Da trat der Soldat Knoll zu mir, der meiner Frau gewöhnlich beim Versorgen der Pferde und beim Fourage- und Lebensmittelsammeln beizustehen pflegte. Er erbot sich das Fuhrwerk zu retten, wenn ich ihm beim Hauptmann die Erlaubnis auswirken würde, sich vom Trupp zu entfernen. Er habe drüben einen Weg längs des Flusses bemerkt; dem wolle er folgen, da er irgendwo zu einer anderen Brücke führen müsse. Er erhielt die Erlaubnis. Ich bedeutete ihm noch, dass er, sobald er Gefahr bemerke, die Stränge abzuhauen und sich retten solle. Nun rannte er hinüber und bestieg den Wagen. Ich sah ihn noch eine Zeitlang am Ufer hinfahren; doch hatte ich wenig Hoffnung, ihn und das Fuhrwerk je wieder zu sehen.

Mittlerweile war es Tag geworden. Wir setzten nun unseren Marsch durch den Wald fort. Gerade aus der Gegend, wohin Knoll gefahren war, hörten wir Schüsse. Als wir aus dem Walde herauskamen, ritten französische Kürassiere eine Attacke auf Kosaken und jagten sie in die Flucht. Bald darauf erblickte ich auf einer Anhöhe einen Wagen. Wie groß war meine Freude und die meiner Frau, als wir bald darauf in dem Gefährte das unsrige erkannten! Wir konnten nun wieder Gepäck und Lebensmittel aufladen.

Knoll war, wie er erzählte, so rasch die Pferde laufen konnten, fortgefahren und auf einem Edelhofe gekommen, wo französische Soldaten nach Lebensmitteln herumstöberten. Er tat diensteifrig, als wollte er ihnen suchen helfen, erwischte einen Schinken und warf ihn auf den Wagen. Da näherten sich schon die Russen und wurden von den Franzosen mit Gewehrfeuer empfangen. Knoll machte sich aus dem Staube und erreichte glücklich eine Brücke. Kaum hatte er sie im Galopp passiert, als schon die Kosaken hinter ihm dreinsprengten. Sie hätten ihn wohl bald eingeholt, wenn sie nicht von französischer Kavallerie angegriffen und versprengt worden wären. Diesen Angriff hatten wir von Ferne gesehen.

Am anderen Morgen setzten wir sehr früh unseren Weg fort. Vorher wurden auf Befehl des Generalleutnants Grafen Wrede eine Menge Wagen verbrannt, um Pferde für die Kanonen zu gewinnen und den Verfolgern nichts als das Eisen übrig zu lassen.

Unablässig verfolgt marschierten wir weiter. Rechts und links in den Wäldern und Feldern lagen tote Soldaten, Pferde und zertrümmertes Fuhrwerk. Traurige Bilder! Aber auch der Anblick der Lebenden war traurig. Hier schleppten sich einzelne mühsam fort; dort zog ein Haufen ohne Waffen, ohne Anführer, sich selbst überlassen, einher; dort blieben mit Ochsen bespannte Kanonen stecken. Man fiel über die Ochsen her und schlachtete sie; die Kanonen überließ man ihrem Schicksale, da man diese nicht essen konnte.

Kürassiere ohne Pferde hatten ihre Säbel und Harnische einem elenden Gaul aufgeladen und trieben ihn mit Stöcken vorwärts; er stürzte und stand nicht wieder auf. Die Franzosen, die zu schwach waren, die Kürasse selbst zu tragen, ließen Gaul und Gepäck liegen und zogen weiter. Alles war aufgelöst und keiner kümmerte sich mehr um den anderen. Nur wir Bayern wurden noch durch unseres Generalleutnant Grafen Wrede Geist und Energie zusammengehalten, so dass wir noch das Ansehen eines organisierten Trupps behaupteten.

Nachdem wir auf diesem weiten Marsche durch die heftige Kälte, den Hunger, das Elend und die Verfolgung des Feindes bei Tag und Nacht viele Menschen verloren hatten, erreichten wir Dunilowicze. Hier blieben wir über Nacht und biwakierten unter freiem Himmel. Da wir schon seit fünf bis sechs Monaten kein Obdach bekommen hatten, waren unsere Kleidungsstücke so morsch geworden, dass sie kaum noch zusammenhielten. Wir selbst waren so abgemattet, dass wir wie Leichen aussahen. Um uns einigermaßen gegen die Kälte zu schützen, rissen wir das Stroh von den Dächern der Häuser und Scheunen.

Tags darauf kam der Befehl, dass alle überzähligen Offiziere und Unteroffiziere nach dem Städtchen Kobylnik zu marschieren und ihre weiteren Bestimmungen dort zu erwarten hätten. Demzufolge verließen die Jüngsten an Dienstjahren, zu denen auch ich gehörte, das Regiment. Ungern trennte ich mich von der Truppe. Unter der Führung des Leutnants Rogenhofer machten wir uns auf den Weg, auf dem wir viele Mühseligkeiten erlitten.

Von Kobylnik wurden wir nach dem drei Stunden entfernten Dorfe Zeswirsch beordert. Die Offiziere kamen in den Edelhof, wir Unteroffiziere aber zu den Bauern ins Quartier.

Eines Tages traf mich die Reihe als Ordonnanz nach Kobylnik zu gehen, um dort die Befehle zu empfangen. Da ich schon früh um 07.00 Uhr beim Kommandanten sein musste, so brach ich morgens um 04.00 Uhr auf. Es war eine mondhelle Nacht und die Kälte war gar schrecklich. Indem ich meinen zerrissenen Mantel, das Gewehr auf dem Rücken, über die unabsehbare Schneeflur hinschritt um die Hauptstraße zu gewinnen, stieß ich an etwas und stolperte.

Ich besah mir den Gegenstand näher. Ein Toter lag halbbedeckt im Schnee. Da es noch dämmerig war, so konnte ich ihn nicht recht unterscheiden. Als ich mich nun weiter umschaute, fiel mein Blick überall auf Tote. Die feierliche Stille der Nacht, das blasse Dämmerlicht des Mondes, die entsetzliche Kälte, das schier unermessliche Schneemeer rings umher, besät mit martervollen Verstorbenen und ich der einzige Lebende auf diesem unabsehbaren Kirchhof - dies alles machte einen solchen Eindruck auf mich, dass mir ein Schauer durch die Gebeine rieselte. Ich eilte vorwärts ohne mich weiter umzusehen; aber schwermütige Gedanken drückten meine Seele.

Als ich Tags darauf abgelöst worden war, kam ich den Weg wieder zurück. Nun erst konnte ich alle Gegenstände deutlich unterscheiden. Ich war an Szenen schauderhaftesten Elends gewöhnt. Aber hier kam auch mir das Entsetzen. Ein immer schrecklicherer Anblick bot sich nun dem Auge dar. Über allen Ausdruck grässlich und jammervoll waren die Feuerstellen, um die sich die Soldaten gelagert hatten. Schon halb wahnsinnig und bewusstlos vor Kälte, waren sie dem Feuer immer näher und näher gerückt. Sie sahen nicht, sie fühlten nicht den Brand, der sie ergriff und während ihre abgestorbenen Füße schon verzehrt waren, rückten sie immer noch näher und suchten nach Wärme. So sah man die Unglücklichen bei den längst verloschenen Aschenhaufen mit ihren abgebrannten Füßen liegen. Überdies waren sie fast aller ihrer Kleider beraubt; denn jeder, der noch einiges Leben in sich fühlte, riss den Toten oder Sterbenden die letzte Bedeckung vom Leibe, um sich zu erwärmen und vielleicht noch eine halbe Stunde länger zu leben. Das Herz erstarrt vor solchem Gräuel.

Ich traf wieder auf den Leichnam, über den ich auf dem Hinweg gestrauchelt war. Der Anblick erfüllte mich mit Schauder. Seine beiden Hände hielt er krampfhaft geballt am Kopfe, als wollte er sich die Haare ausraufen. Ein unbeschreiblicher Jammerausdruck lag auf seinem verwilderten Antlitz. Man sah, er war in Verzweiflung gestorben. Ich wendete mich mit Grausen von ihm ab und schritt meines Weges.

6.Kapitel
In russischer Gefangenschaft
1. Plünderung - Fluchtgedanken - eine menschenfreundliche Tat - ein Schurkenstreich

Bald darauf kam der Befehl, dass unsere Truppenabteilung ungesäumt in Kobylnik einzutreffen habe. Wir brachen sofort auf und erreichten noch am gleichen Tag den Ort. Eingetretenes Tauwetter minderte die Kälte.

In Kobylnik meldeten sich die Offiziere beim Hauptmann und Etappen-Kommandanten Spitzel. Wir wurden in die Häuser verteilt und erhielten die Weisung hier zu bleiben, bis Oberstleutnant Baron von Scherer eintreffe. Vergebens warteten wir hier bis zum Abend.

Ein Edelmann, dessen Gut eine Viertelstunde von Kobylnik entfernt lag, benachrichtigte den Kommandanten, dass die Russen im Anzug und schon recht nahe seien; er möge auf seinen Rückzug bedacht sein. Allein Hauptmann Spitzel entgegnete, er dürfe den Ort nicht verlassen, bevor er nicht den Befehl dazu habe oder der Oberstleutnant selbst eingetroffen sei.

So kam Mitternacht heran. Ich und meine Frau befanden uns nebst einer Menge bayerischer und anderer Offiziere, Unteroffiziere und Soldaten in einem „Krug", als plötzlich die Tür aufgerissen wurde. Welch' ein Anblick zeigte sich uns! Draußen standen eine Menge Kosaken, die ihre Spieße und Pistolen zur Tür hereinstreckten und uns zuriefen: „Pardon!" Das hieß soviel als: „Ergebt euch! Ihr seid gefangen!"

Was wollten wir machen? Das Haus war von einer großen Übermacht umzingelt, so dass wir an keine Gegenwehr denken konnten. Wir warfen also unsere Waffen weg und riefen: „Pardon, Kamerad!"

Nun strömten die Russen haufenweise herein und fingen an, uns auszuplündern und zu misshandeln. Sie fanden Geld im Überfluss, da wir alle Tags vorher einen dreimonatlichen Rückstand empfangen hatten. Ich trug in einem Beutel die Löhnung für die abwesenden Soldaten und Unteroffiziere in sächsischen Talern bei mir. Den Beutel hatte ich in meinem zerrissenen Rock zwischen Tuch und Unterfutter verborgen. Unsere eigene Barschaft hatte meine Frau bei sich. Fest entschlossen eher mein Leben zu lassen als das Geld meiner Kameraden herauszugeben, erwartete ich in dem Getümmel, Geschrei und Getobe, was da kommen würde.

Das Erste, was mir begegnete, war, dass mir ein Soldat das Kaskett vom Kopfe riss. Das Messing darauf hatte ich kurz vorher sauber geputzt. Die Russen mochten es für Gold halten, sie rissen es herunter, zerschnitten das Leder und teilten es unter sich. Ein anderer Russe riss mir den Mantel von den Schultern. Ein dritter zog mir den Säbel aus der Scheide und wollte ihn, auf die Erde gestemmt, zerbrechen; aber das Eisen war so zäh, dass der Russe wirklich nicht imstande war die Klinge abzusprengen, obwohl er sich auf die lächerlichste Art alle mögliche Mühe gab.

Trotz meiner traurigen Lage kam mir das doch spaßig vor. Nun packte mich ein Husar, ein kleiner, vierschrötiger Kerl, bei der Brust und schrie: „Gib Geld, Franzuß!"

Ich beteuerte ihm in gebrochenem Russisch, dass seine Kameraden mir schon alles genommen hätten. Da stieß er mich fluchend mit dem Säbelknauf vor die Brust, dass ich, schwach und kränklich wie ich war, sogleich zu Boden sank. Ich raffte mich jedoch bald wieder auf und ging in die Nebenstube, wo sich die Offiziere befanden. Aber auch sie wurden von den Barbaren misshandelt und ausgeplündert. Plötzlich hörten wir draußen Schüsse fallen und es den Generalmarsch schlagen. Schon glaubten wir, die Unsrigen rückten an uns zu befreien; aber es war eine Täuschung. Der Tambour, der den Generalmarsch geschlagen hatte, wurde kurz darauf von einem Kosaken hereingeschleppt. Das Fell seiner Trommel war zerstochen. Die Schüsse waren bei dem Edelhof gefallen, wo Hauptmann Spitzel lag. Die von ihm aufgestellten Vorposten hatten bei der Annäherung der Russen Feuer gegeben. Der Hauptmann musste kapitulieren und schützte dadurch sich und seine Truppe vor Plünderung und Misshandlung.

Während alledem graute der Tag. Jetzt trat der russische Oberst Tettenborn mit einem Adjutanten herein. Beide waren in Pelze und Bärenfelle gehüllt; denn dem Tauwetter war eine strenge Kälte gefolgt.

„Wie geht es Euch, Kinder?", fragte uns Tettenborn.

Wir klagten ihm sofort unsere Leiden durch die Beraubung und die erlittenen Misshandlungen.

„Ich habe", sagte er, „den strengsten Befehl gegeben, Euch ja nichts abzunehmen und Euch nicht zu misshandeln. Ich werde Sorge tragen, dass Euch künftig nichts mehr zuleide geschieht. Auch sollt Ihr Brot bekommen."

Solange er in der Stube war, geschah uns auch wirklich nichts; aber sobald er uns den Rücken zugewendet hatte, fingen die Plünderungen und Misshandlungen wieder an; denn kaum war ein Trupp dieser wilden Horde fort, so kam ein anderer nach, der auf gleiche Weise mit uns verfuhr. Von dem uns versprochenen Brot bekamen wir auch keinen Bissen zu sehen.

Es nun ganz Tag geworden. Wir blieben, von den Russen streng bewacht, zusammen eingesperrt. Da mir nicht recht wohl war, so fühlte ich schmerzlich den Verlust meiner Kopfbedeckung. Ich bat deshalb den Junker von Stromer, der außer seinem Kaskett noch eine rotbestickte Mütze besaß, mir diese zu geben, was er auch gerne tat.

Um die Mittagszeit trat ein Adjutant mit einem Trupp Kosaken herein und kündigte uns an, dass wir marschieren müssten. Meine Frau stellte dem Offizier vor, wie schwach und kränklich ich sei und dass ich nicht wohl fortkommen könne, worauf der erklärte, wer nicht marschieren könne, möge hier bleiben.

Wer war froher als ich, bei solcher Kälte wenigstens unter einem Dach bleiben zu können! Jetzt wurden Offiziere und Soldaten von den Russen mit dem Kantschu wie Schafe hinausgetrieben. Mich jammerten besonders die beiden Junker von Schnitzlein und von Stromer, die erst 14 bis 15 Jahre alt waren und die unser Oberst Habermann ihres zarten Alters wegen nur ungern mit auf den Feldzug genommen hatte. Ich glaubte nicht, dass sie dieses Elend überstehen würden, da sie schon jetzt sehr krank und schwach waren, doch traf ich sie später, als wir ausgewechselt wurden, frisch und gesund, während baumstarke Männer zu Tausenden dem Elend unterlagen und in fremder Erde verscharrt liegen.

Als die Stube geräumt war, bemerkte ich erst, dass noch Sterbende und Tote in den Winkeln und an den Wänden herumlagen. Der Anblick war grässlich. Mich überfiel ein Schauder.

„Jetzt kann ich nicht in diesem Totenhause bleiben", sagte ich zu meiner Frau. Sie stellte mir vor, dass ich bei meiner Kränklichkeit die Anstrengung des Marsches nicht aushalten könne. Da aber von Zeit zu Zeit immer wieder Russen kamen, die - nach Beute lechzend - sowohl uns als die Kranken und die Halbtoten erbarmungslos herumstießen und herumzerrten, rief ich aus: „Lasst uns gehen! Ich will lieber auf freiem Felde umkommen als hier bleiben, wo wir doch unter den Händen der Barbaren sterben müssen."

Wir brachen also in Gottes Namen auf. Noch zwei Mann vom Bubenhovener 6.Chevauleger-Regiment und ein Hesse schlossen sich uns an. Aber kaum waren wir auf der Straße, als ein Haufen Kosaken und Kürassiere über uns herfielen und uns in ein Judenhaus trieben. Hier ging das Plündern von Neuem an.

Ein Kosak riss mir gleich die eben zum Geschenk erhaltene Mütze vom Kopf. Dann mussten wir uns, meine Frau ausgenommen, bis aufs Hemd ausziehen und wir wurden Stück für Stück durchsucht. Zuerst traf die Reihe meinen Rock. Der Beutel mit den Löhnungsgeldern wurde sogleich entdeckt. Da ich immer beteuert hatte, ich hätte kein Geld, so hielt mir ein Kosak den Beutel vor das Gesicht und grinste mir mit Zähneblecken zu: „He, Schelma! Franzuß! Kein Geld?"

In jedem Rockärmel steckte ein Taler. Da diese Geldstücke jedoch bei jeder Bewegung des Rockes zwischen Tuch und Futter herumrutschten, so entdeckten sie die Russen nicht und warfen mit schließlich den Rock wieder zu. Nun ging es über die zwei Westen her, die ich übereinander angehabt hatte. Die eine war von Tuch und schon sehr abgetragen; die andere war von rotem Atlas[11]. Ich hatte sie von Nürnberg mitgenommen; denn da wir unter Napoleons Fahnen nur zu Siegen gewohnt waren, so dachten wir nicht anders, als dass wir als letztes Ziel des Feldzugs nach Petersburg oder in irgend eine andere große Stadt kommen würden, wo man sich putzen müsse. Die tuchene Weste gaben sie mir zurück; die schöne atlassene behielten sie.

Nun durchstöberten sie die Beinkleider, die schon sehr zerfetzt waren. In ihnen fanden sie meine silberne Uhr. Ich zitterte für meine Hosenträger, in welchem drei Dukaten eingenäht waren. Ich hatte ihn nachlässig auf die Erde fallen lassen und war darauf getreten. Meine Frau bebte ebenfalls und äußerte in der Angst etwas von ihrer Besorgnis. Ich bedeutete ihr aber flüsternd zu schweigen, da man nicht wissen könne, ob nicht irgendeiner von den Plündern deutsch verstehe. Wir kamen jedoch mit dem Schrecken davon; denn niemand beachtete den alten schlechten Hosenträger. Von den zwei Hemden, die ich übereinander trug, wir hatten erst vor Kurzem Hemden, Unterhosen und wollene Handschuhe gefasst, wurde mir

---

[11] atlas - (arabisch) glatt, fein. Gewebe mit glatter, glänzender Ober- und stumpfer Unterseite, wobei sich das kostbarere Material auf der Oberseite befindet

das neue ausgezogen; das zerlumpte ließ man mir. Ebenso büßte wir die Unterhosen und Handschuhe ein, die den Russen sehr willkommen waren. Ich trug Ohrringe, wie es damals häufig unter den Soldaten Sitte war. Ein Kosak riss mir den einen aus dem linken Ohr, so dass es blutete; doch war der Ohrring noch glücklich gebrochen. Den anderen machte ich schnell heraus, damit mir nicht etwa das Ohr durchgerissen werde. Der dumme Barbar steckte die Ringe an die Finger. Da sie ihm aber viel zu weit waren, warf er sie mir vor die Füße, obwohl sie golden waren. Vermutlich waren sie für seine Habsucht nicht glänzend und massiv genug. Nun kleidete ich mich wieder an, hob die Ohrringe wieder auf und steckte sie in die Hosentasche. So rette ich sie. Heute noch trage ich sie als Andenken an jene Stunde.

Das Härteste aber stand mir noch bevor. Meine Frau trug unter ihrem Hemde einen ledernen Gürtel, in welchem unsere ganze Barschaft steckte, ungefähr 90 bis 100 Gulden, teils früher gefasste Löhnungsbeträge, teils das durch die Marketenderei verdiente Geld. Ein Kosak, der sie betastet hatte um verborgenes Geld zu entdecken, erfühlte diesen Gürtel, rief seinen Kameraden einige Worte zu und - alles Schamgefühl vergessend - beraubten sie meine Frau dieses Gürtels, indem sie ihr diesen mit dem Säbel vom Leibe schnitten.

Weg war unsere letzte Stütze! Weg der Sparpfennig, den meine Frau unter tausend Beschwerlichkeiten, ja oft mit Gefahr ihres Lebens errungen hatte; denn auf unseren Märschen war sie oft wider meinem Willen und ohne mein Wissen stundenlang allein von der Hauptroute seitab gefahren, bis sie in eine Ortschaft kam, wo sie ihren Wagen mit Mundvorrat füllen konnte. Sie wagte jedes Mal ihr Leben unter dem barbarischen Volke; aber beherzt bot sie jeder Gefahr Trotz, nur um meine Not ja zu lindern. Man stelle sich ihren Jammer vor, als sie nun plötzlich alles verlor.

Als die Kosaken mit der Plünderung fertig waren, brachen sie auf und nahmen auch die Stiefel der beiden Chevaulegers mit. Als ich sah, wie einer auch meine Stiefel hinaustragen wollte, ergriff mich die Wut der Verzweiflung; denn ich sah voraus, dass ich ohne Fußbekleidung in der grimmigen Kälte umkommen müsse. Entschlossen, mich lieber niederstechen zu lassen als meine Stiefel zu entbehren, trat ich den Räubern in den Weg und bedeutete ihnen, so gut ich das auf Russisch konnte, dass ich die Stiefel bei solcher Kälte nicht missen könne. Ich griff danach. Es entstand ein Wortwechsel. Ich wendete mich an die Kürassiere; denn ich hatte gehört, dass bei den Russen die irregulären Truppen den regulären Gehorsam leisten müssen. Ein Kürassier sprach einige Worte in gebieterischem Tone zu dem Kosaken, worauf dieser mir die Stiefel brummend und schimpfend hinwarf und davonging.

Verzweiflungsvoll gingen wir nun alle fünf auf den Edelhof, wo die übrigen Gefangenen im Hofraum versammelt waren. Meine Frau trug dem Obersten Tettenborn vor, was uns begegnet war. Dieser befahl sogleich einem Adjutanten, die Räuber zu ermitteln. Der Adjutant, der wohl wusste, dass dergleichen Befehle meistens nur gegeben werden, um die Klagenden einigermaßen zu beschwichtigen, fertigte meine Frau auch leichthin mit dem Bescheid ab, dass es bei der Menge der durchziehenden Truppen unmöglich sei, die Täter herauszufinden, auch sei die Zeit zu kurz; denn die Gefangenen würden bald weiter transportiert werden.

Kurz darauf kam der Oberstleutnant Baron von Scherer an, den wir die Nacht vorher abwarten sollten, um sodann abzumarschieren; aber er kam als Gefangener auf einem Schlitten, von zwei Kosaken eskortiert.

Um 04.00 Uhr abends setzte sich der Transport in Marsch. Die Offiziere ließen wir auf dem Edelhofe zurück; sie wurden später auf Schlitten fortgebracht. So traf es jetzt ein, dass wir marschierten, sobald der Oberstleutnant angekommen war, nur mit dem kleinen Unterschiede, dass wir landeinwärts mussten, statt uns dem geliebten Vaterlande zu nähern.

Es fing schon an dunkel zu werden. Unser Marsch bei bedecktem Monde war sehr mühselig. Besonders jammerten mich die beiden Chevaulegers, die ohne Stiefel waren. Zwar hatten sie sich Lumpen um die Füße gewickelt; aber diese hielten nicht lange; die Füße wurden ganz entblößt und ich sah, wie beinahe jeder ihrer Schritte eine Blutspur im Schnee und auf dem Glatteis hinterließ. Allmählich blieben sie zurück und bald sah ich sie nicht mehr. Ohne Zweifel sind sie hilflos auf der Straße liegen geblieben und erfroren.

Wir waren kaum eine Stunde von Kobylnik entfernt, als einer der Gefangenen von den Kosaken erstochen wurde, weil er nicht mehr weiter konnte. So erging es jedem, den die Kraft zum Marschieren verließ. Auf diese Weise verloren wir, bis wir ins Quartier kamen, sieben Mann. Bei jedem dieser Schlachtopfer gaben uns die Russen zu verstehen, dass dies eine Wiedervergeltung dafür sei, dass russische Gefangene von unseren Leuten ermordet worden waren. Inwiefern sie wahrsprachen, wage ich nicht zu entscheiden.

Nur einige Stunden nach unserem Ausmarsch erblickten wir nun jenseits eines großen zugefrorenen Sees sehr viele Biwakfeuer. Wir stutzten hierüber und vermuteten heimlich, dies könnten ja französische Truppen sein. Auch kam es uns verdächtig vor, dass die Russen uns bei Nacht fortbrachten. Was hatten sie für Eile, wenn sie nicht jetzt Gefahr fürch-teten? Einer von uns, bekannt unter dem Namen Louis, ein Bayer von Geburt, der früher mal als Trommler bei dem 5.Linien-Regiment gestanden hatte, aber desertiert und in schweizerische Dienste getreten war, erklärte beim Anblick dieser Wachtfeuer sogleich, hier könne es nichts anderes als ein französisches Biwak sein. Er wollte sogar durch die Stille der Nacht von dort her französische Worte vernommen haben.

„Auf, Landsleute", sagte er, „wird sind unserer etwa vierhundert. Die Eskorte ist nur achtzehn Mann stark; wir erschlagen die Kerle mit leichter Mühe, marschieren gerade auf die Feuer zu und sind frei."

Die Aufforderung war verlockend genug für uns und die Ausführung wäre um so leichter gewesen, als die Kosaken zu Fuß gingen, weil sie der großen Kälte wegen nicht reiten konnten ohne zu erfrieren.

„Wie aber", äußerten sich einige von uns, „wenn es Russen sind, die dort biwakieren?"

„Dann tun wir, als wären wir Versprengte", sagte Louis, „und ergeben uns als Gefangene."

„Wie aber, wenn sie später erfahren, dass wir uns befreit und ihre Kameraden erschlagen haben?"

„Wie werden sie?", fragte Louis. „Die Toten können nicht reden und von uns wird es keiner verraten. Und dann - in diesem schrecklichen Lande müssen wir am Ende doch umkommen. Also folgt mir, Kameraden!"

Der Vorschlag leuchtete uns allen ein, aber - so groß war unsere Entkräftung und dadurch unsere Mutlosigkeit, dass wir vor lauter Hin- und Herreden zu keinem Entschluss kommen konnten. Die Zeit verstrich, wir marschierten, von den Russen wie Vieh mit Kantschuhieben vorwärts getrieben, immer weiter, verloren endlich die Wachtfeuer aus dem Gesicht und mit ihnen erlosch die Aussicht und der Vorsatz uns zu befreien.

Etwa um Mitternacht erreichten wir ein Dorf, wo wir in die Bauernhütten verteilt wurden. Die Stube, in die ich und meine Frau gerieten, war so vollgepfropft, dass nur diejenigen sitzen konnten, die so glücklich waren, an die Bänke zu kommen, die rings an der Wand angebracht waren. Unter diesen Glücklichen war ich. Die übrigen mussten die ganze Nacht stehen. Man denke sich diese Marter nach einem ermüdenden Marsch! Viele sanken hin und waren verloren; denn wer einmal am Boden lag, kam nicht wieder empor; er wurde von den anderen zertreten und so hauchten viele unter den Füßen ihrer Kameraden ihr elendes Leben aus. Wir bekamen hier nicht einen Bissen Brot. Zum Spott brachten die Russen einen Sautrog herein, der mit einer von roten Rüben abgezogenen schmutzigen Brühe angefüllt war.

„Hier sauft!", riefen sie uns höhnend zu, „das ist gut für die Franzuß!"

Ich war der Einzige, der im Zeitraum von vierundzwanzig Stunden Nahrung erhielt und zwar durch meine Frau. Da die Russen nicht auf die Weiber achteten und diese ungehindert umhergehen ließen, so schlich sich meine Frau zu einer Bäuerin, die am Ofen mit Feuermachen beschäftigt war und erbettelte sich ein Stück Brot, das ihr das Weib heimlich zusteckte. Auch ein altes Tuch bekam sie von ihr, das ich mir um den Kopf wickelte. Das Brot tat meine Frau in eine blecherne Büchse, die uns bei der Plünderung nicht abgenommen worden war, goss Wasser hinzu und kochte mir nun eine Art Suppe, wozu ihr die Bäuerin auch verstohlen Salz gab. Diese Nahrung, so schlecht sie war, erquickte mich unendlich und erhielt mich ziemlich bei Kraft.

Meine armen Kameraden mussten beim Scheine eines brennenden Spanes zusehen, wie wir aßen. Ich konnte ihnen - ohne mich selbst und meine Frau dem Verschmachtungstode preiszugeben - nichts mitteilen. Auch war das Mitgefühl durch die unausgesetzten Leiden und den immerwährenden Anblick barbarischer Szenen schon ganz abgestumpft. Jeder dachte nur daran, wie er sich selbst helfen könne. Am Ende wurde jedem sogar sein eigenes Leben gleichgültig. Die Toten wurden beneidet, mit Recht sogar beneidet, denn sie waren erlöst.

Als der Tag anbrach wurden wir mit Kantschuhieben aus der Stube geprügelt. Aber freilich nur etwa die Hälfte von uns konnte fort. Teils tot, teils sterbend blieben die anderen liegen und ich sah noch, wie ihre Körper von den Russen mit grausamen Schlägen misshandelt wurden, während ihre Seelen schon besseren Wohnungen zugeeilt waren. In den anderen Häusern mag es ebenso zugegangen sein; denn als ich den ganzen Transport überblickte kam er mir sehr zusammengeschmolzen vor.

An diesem Tage war es so kalt, dass die Vögel erstarrt von den Bäumen fielen. Sogar Krähen, die doch viel Kälte ertragen können, lagen erfroren auf der Straße. Die Kosaken führten auch heute ihre Pferde am Zügel und gingen zu Fuß, um nicht das Schicksal der Krähen zu erleiden. Zum Beweis, dass es unter diesen Halbwilden auch solche gab, denen ein menschliches Herz im Busen schlug, erzähle ich einen Zug, dessen Augenzeuge ich an diesem Tage war.

Eine Soldatenfrau vom 3.Linien-Regiment hatte ein Mädchen von drei Jahren bei sich. Da es diesen Marsch nicht aushalten konnte, musste es getragen werden. Der Vater und die Mutter hatte eine zeitlang miteinander abgewechselt; aber bald fehlte beiden die Kräfte. Sie konnten sich kaum selbst mehr schleppen. Man stelle sich die Verzweiflung der Eltern vor, die jetzt gezwungen waren, das arme Geschöpf liegen zu lassen! Da erbarmte sich ein Kosak der kindlichen Unschuld. Er nahm das Kind, band es auf den Sattel seines Pferdes, hüllte es in einen Pelz und zottelte neben ihm her. Das Kind, wohl von dem verwilderten, bärtigen Gesicht des Mannes erschreckt, schrie lange Zeit ganz entsetzlich und selbst die neben ihr herlaufende Mutter konnte es nicht beschwichtige.

Es war rührend und drollig zugleich, wie der Kosak das Geschrei mit der größten Geduld ertrug und nur zuweilen einige liebkosende Worte an das Kind richtete. Sie wurden allerdings mit so barschem Wesen herausgebrummt, dass man nicht wusste, ob es gütiges Zureden oder Unwille war. Dieses Betragen des Kosaken versöhnte mein Herz einigermaßen mit diesen Halbmenschen.

Mein Körper wurde nun mit jeder Minute schwächer und als wir uns dem Städtchen Dokszyne näherten, es war um die Mittagszeit, da wurde ich so hinfällig, dass ich nicht mehr fortkonnte.

„Meine letzte Stunde schlägt", sagte ich meiner Frau, „ich kann nicht mehr weiter."

Mit diesen Worten nahm ich nun Abschied von ihr und sank zusammen. Schon wollten die Kosaken mit ihren Kantschuen auf mich losschlagen, als meine Frau sie durch Bitten und Flehen abwehrte. Sie ließen mich in Ruhe. Ich wurde von meiner Frau und einem Grenadier unseres Regiments unter die Arme gefasst und mühselig weitergeschleppt.

In Dokszyne wurden wir mit anderen Gefangenen in einem neuen, aber noch unvollendeten Hause untergebracht. Es war ohne Tür und Fenster, lag an der Straße und hatte den durchmarschierenden Truppen wohl als Pferdestall gedient; deshalb lag der Boden voll von gefrorenem Pferdemist. Wie Schafe wurden wir eingepfercht und ohne Nahrung gelassen. Wir sahen bei der fürchterlichen Kälte nur dem Tod entgegen. Das Ärgste, meinte ich, hätten wir nun erduldet; schlimmer könne es nicht mehr kommen. Aber ach! Nur zu bald erfuhren wir, dass unsere Leiden jetzt erst recht angehen würden.

Neue Truppen zogen durch, die uns wieder auf das schrecklichste misshandelten. Ein gefangener Pole aber beging an uns, seinen Mitgefangenen, den schändlichsten Verrat, der denkbar ist. Er hatte ausgespäht, wo jeder seine bis jetzt gerettete Barschaft verbarg. Der russischen Sprache kundig, machte er gemeinschaftliche Sache mit den Feinden und verriet ihnen alles. Wütend stießen und zerrten uns nun die Unmenschen herum, dass unser Jammergeschrei die Luft erfüllte. Viele gaben unter den Misshandlungen ihren Geist auf.

Gab einer kein Lebenszeichen mehr von sich, so zogen ihn die Russen sogleich nackt aus, schleppten ihn an den Füßen über unsere halberstarrten Körper hinweg und warfen ihn vor die Haustüre. Der Pole schlich zu meiner Frau und flüsterte ihr zu, wenn sie Geld habe, so möge sie es ihm geben, sonst werde sie und ich von den Russen auf das grausamste misshandelt und unser Geld werde doch verloren sein. Meine Frau ging auf diesen Vorschlag ein. Sie sagte ihm, sie besäße noch einen bayerischen Taler; den wolle sie ihm geben, wenn er uns nur vor Misshandlungen schütze. Er versprach es und nun holte sie einen der beiden Taler, die in meinem Rockärmel verborgen waren, und gab ihm denselben, vorgebend, dies sei unsere letzte Habe. Der Pole nahm ihn und wirklich - wir hatten uns damit von ferneren Misshandlungen losgekauft. So rettete uns des Polen Habsucht die im Hosenträger eingenähten Goldstücke, von denen er glücklicherweise nichts wusste. Dies drohende Unheil war also glücklich an uns vorüber gegangen; dafür traf mich ein anderes.

2. In größtem Elend

Ich bekam wieder die Diarrhöe. Da ich mich vor Schwäche nicht mehr auf den Beinen halten konnte, so wurde ich von meiner Frau und einem Soldaten meines Regiments mühselig vor die Tür gebracht und auf die hinausgeworfenen Toten gesetzt. Auf diese Weise wurde ich mehrmals aus- und eingeschleppt. Um meinen

Leib einigermaßen zu erwärmen, bedeckte mich meine Frau, indem sie sich neben mich legte, mit den Röcken, die sie auf dem Leibe trug. Sie tat überhaupt mit unermüdlicher Sorge zu meiner Erleichterung alles, was nur in ihren Kräften stand.

Gegen Abend wurden wir endlich aus diesem Hause des Elends und Schreckens abgeführt und in verschiedene Häuser des Städtchens verteilt. Ich kam mit anderen in ein Judenhaus. Hier war eine warme Stube. Welche eine lang entbehrte Wonne! Auch waren wir nicht so viele und konnten uns deshalb wenigstens auf die Erde hinlegen. Freilich blieben wir auch hier ohne Nahrung; aber wir dankten Gott, dass wir vor der entsetzlichen Kälte geschützt waren. Ich war in eine elende Bettstelle gelegt worden, die nur so von Ungeziefer wimmelte. Zu meinem Übel gesellte sich ein schreckliches Kopfweh. Es entstand wahrscheinlich durch die ungewohnte Ofenhitze. Mein ganzer Körper litt abwechselnd an Frost und Hitze, wozu noch die krampfhaften Schmerzen der Diarrhöe kamen.

Bei Anbruch des Tages erschienen unsere Peiniger, die Kosaken, wieder, um uns aus den Häusern herauszutreiben zur Fortsetzung des Marsches. Mich ließen sie ungestört liegen, da sie wohl sahen, dass ich nicht mehr aufstehen konnte. Meine Kameraden nahmen also Abschied von mir.

Kaum war der Transport fort, als der Jude, dem das Haus gehörte, meiner Frau das Halstuch, das einzige Kleidungsstück, das noch einigermaßen gut war, vom Leibe reißen wollte. Meine Frau schrie und setzte sich zur Wehr. Endlich gewann sie die Tür und lief nach dem nahe gelegenen Edelhof, um dort Schutz zu suchen, da sie gehört hatte, dass der Edelmann die Oberaufsicht über die Gefangenen habe.

Ihre Klage wurde nur mit halbem Ohr angehört. Als sie aber um eine Unterkunft flehte, beschied sie der Edelmann, mit mir auf den Edelhof zu kommen, wo er ihr ein Plätzchen in einem kleinen Gebäude bei mehreren gefangenen Offizieren anweisen wolle. Getröstet kehrte meine Frau zurück. Aber in welchem Zustande fand sie mich! Kaum war sie aus dem Hause gewesen, als mich der Jude gepackt und zur Tür hinausgeworfen hatte. Da lag ich hilflos in der Kälte, bis meine Frau kam. Mit Hilfe eines mitleidigen Bauern schleppte sie mich nach dem Edelhofe, der unweit des Städtchens auf einer Anhöhe lag. Dort begaben wir uns in das mir angewiesene Lokal; aber es war gänzlich unmöglich hier einen Platz zu finden; denn das Zimmer war so vollgepfropft, dass die kranken Offiziere dicht aneinander lagen und sich selbst kaum regen konnten. Meine Frau wurde mit dem Bescheid abgefertigt, sie müsse solange warten, bis wieder ein Offizier stürbe, was fast täglich geschehe.

Einer der bayerischen Offiziere, die da lagen, der Leutnant Crammer von unserem Regiment, versprach meiner Frau ihr Nachricht zukommen zu lassen, sobald ein Platz in dem Zimmer leer würde. Unter einer Wäschemangel auf dem Vorplatz bereitete mir unterdessen meine Frau ein Strohlager. Ein Offiziersbedienter gab ihr für mich eine alte wollene Decke und eine Pelzkappe, deren ich sehr bedurfte; denn auf diesem Lager war ich der Kälte und dem Zugwinde ausgesetzt.

So lag ich elend da und erwartete schmerzlich, welche Krankheit in mir wohl ausbrechen würde; denn der Zustand, in dem ich mich befand, war noch unentschieden. Ein Kosak vermehrte noch meine Qual. Er legte sich, mich wild und grimmig angrinsend, neben mich nieder wie ein brummiger Kettenhund und ruhte einige Stunden aus, worauf er sich wieder entfernte. Ich dankte nun Gott, den gefährlichen Nachbarn los zu sein.

Aber es war noch nicht das größte Übel an diesem Tage. Gegen Abend kamen ein paar Mägde mit Wäsche und fingen an, sie über mir zu mangen. Man stelle sich vor, was ich bei diesem Gepolter litt! Ich meinte oft, jetzt müsse mir die Hirnschale zerspringen. Doch es half nichts; ich musste geduldig ausharren, bis die Mägde fertig waren. Ich brachte so eine schreckliche Nacht in dieser Lage zu. Meine Frau kroch ebenfalls unter die Mange und legte sich an meiner Seite zur Ruhe.

Am anderen Morgen begab sie sich zum Edelmann, stellte ihm mein Elend vor und flehte um ein warmes Zimmer. Der Edelmann befahl einem Bauern, mich nach dem Städtchen zurückzufahren und in ein Haus zu bringen, das er ihm bezeichnete. Ich wurde also auf einen Schlitten gepackt und dahin gebracht. Wir traten ins Zimmer. Der Bauer richtete dem Hauswirt, einem Weber, den Befehl des Edelmanns aus. Zwei kranke russische Kürassiere, die in der Stube lagen, richteten den Kopf in die Höhe und fingen an gewaltig auf mich zu schimpfen. Der Hauswirt nahm sich meiner an und zankte sich eine Weile mit ihnen herum, während ich auf eine Bank hingelegt wurde. Der Weber verließ nun das Zimmer. Als auch meine Frau hinausging, um einige Lebensmittel für mich zu suchen, zogen die Kürassiere ihre Säbel und stachen nach mir. Ich weiß nicht, ob sie zu schwach waren aufzustehen oder ob sie mich nur ängstigen wollten; aber ich traute diesen selbst in der Krankheit noch unversöhnlichen Feinden das Ärgste zu.

Als meine Frau zurückkam, beschwor ich sie, mich von diesen Menschen wegzubringen, bei denen ich meines Lebens nicht sicher sei. Der Mann und die Frau vom Hause, die unterdessen eingetreten waren, schalten die beiden Kürassiere mit großer Heftigkeit; diese entgegneten ebenso und des Scheltens, Schimpfens und Zankens war kein Ende.

Ich war trotz allen Zuredens von meiner Frau nicht zu bewegen, länger hier zu bleiben; denn der Schreck hatte auf mich so stark gewirkt, dass ich seiner nicht Herr werden konnte. Meine gute, unermüdliche Walpurga lief also noch einmal nach dem Edelhof, um mir ein anderes Unterkommen zu erbitten.

Auf dem Wege dahin kam ihr der Bediente des Leutnants Crammer mit der Nachricht entgegen, es sei soeben ein französischer Offizier gestorben, wodurch Raum für mich und sie freigeworden wäre. Gott dankend kehrte meine Frau zurück. Sie packte mich mit Hilfe des Hauswirts wieder auf den Schlitten und so gelangten wir neuerdings auf den Edelhof. Da Leutnant Crammer für mich gesprochen hatte, so wurde ich von den Offizieren freundlich und willig aufgenommen. Man wies mir und meiner Frau eine Ecke an. Endlich sollte ich zur Ruhe kommen.

Das Zimmer war zwar nicht groß, aber mit einem Ofen nach deutscher Art versehen. Ich lag wie alle anderen auf Stroh oder vielmehr auf dem zerknitterten Geniste, das ehedem Stroh gewesen, aber durch den langen Gebrauch so kurz wie Häckerling geworden war. Wenn man es genauer betrachtete, so konnte man sehen, wie sich die einzelnen Hälmchen durch das Gewühl des durcheinander wimmelnden Ungeziefers bewegten. Man verzeihe mir diese ekelerregende Beschreibung; aber die gehört zur vollständigen Schilderung des Elends

Außer bayerischen und westfälischen Offizieren lag auch ein Arzt in der Stube. Dieser erklärte meiner Frau, ich hätte eine hitzige Nervenkrankheit, an der ich, da keine Arznei zu haben sei, wohl sterben müsse. Der arme junge Mann ahnte nicht, dass ich ihn noch lange überleben würde. Sein Leiden und sein schrecklicher Tod stehen mir noch lebhaft vor meiner Seele. Seine Füße waren erfroren und bis an die Knie in Fäulnis übergegangen, was einen unerträglichen Pestgeruch verbreitete. Übrigens schien er noch kräftig; denn er sprach laut und als der Schmerz an den Füßen und die Qualen des Hungers überhand nahmen, jammerte und schrie er Tage und Nächte lang, dass es uns durch Mark und Bein drang.

"Ach, mein Jesus", schrie er oft, "muss ich hier diesen schrecklichen Tod sterben! Oh, meine armen Eltern! Wenn Ihr mich so sehen könntet! Wenn Ihr wüsstet, was ich leide! Hilft mir denn niemand? Ach, nur einen Bissen Brot! Ich verhungere! Gibt mir denn niemand einen Bissen Brot?"

So ging sein Wehklagen und Schreien unaufhörlich. Doch ihm konnte niemand helfen; denn wir hatten ja selbst nichts.

Der grausame Edelmann vertröstete uns immer; aber er schickte uns nicht einen Bissen Brot. Wer noch einiges Geld hatte, hielt es zu Rat, da er nicht wusste, wie es ihm selbst in der nächsten Stunde gehen würde. Auch war alles menschliche Mitgefühl durch das eigene Elend so abgestorben, dass jeder wünschte und dies sogar laut aussprach, der Unglückliche möge bald sterben; denn das Geschrei und der Gestank seien nicht länger auszuhalten.

Endlich - nach einigen Tagen - wurde der Ärmste still und als wir nach ihm sahen, war er tot. Die Bedienten deckten sein grässlich verzerrtes Gesicht mit seinem grünen Mantel zu, der aber bald danach grau wurde, so sehr war er mit Läusen übersät, die den Toten nun verließen. Die Leiche wurde hinausgeschleppt. Die Bauern warfen sie auf einen Schlitten und brachten sie endlich fort.

Die Qualen des Hungers wurden immer stärker. Unzählige Male ließen die Offiziere den Edelmann um Brot bitten; aber er wiederholte nur stets sein altes Spiel, versprach immer, wir würden Brot erhalten; aber es kam keines. So ließ uns der Unmensch wohl planmäßig hungern, um uns aufzureiben. Gar mancher wäre gerettet gewesen, wenn er nur einen Bissen Brot bekommen hätte.

Später erfuhren wir, dass Kaiser Alexander für jeden gefangenen Offizier ein Verpflegungsgeld ausgesetzt hatte; für Stabsoffiziere täglich einen Papierrubel, für Offiziere vom Hauptmann abwärts einen halben Rubel, für die Soldaten vom Feldwebel abwärts fünfzehn Kopeken. Aber wir erhielten nichts. Der Bösewicht veruntreute alle diese Beträge und ließ uns kaltblütig verhungern.

Meine Frau war auch hier ein wahrer Rettungsengel. Die Bedienten durften sich, wenn sie mit Geld nach Lebensmitteln geschickt wurden, nicht sehen lassen, ohne Gefahr zu laufen angehalten und ausgeplündert zu werden. Deshalb übernahm Walpurga meistens dieses Geschäft und verrichtete es mit Glück; die Russen kümmerten sich nicht weiter um die Weibspersonen und ließen sie ungehindert umhergehen. Auch war meine Frau, wie schon mehrmals gesagt, so unerschrocken, dass sie sich nicht leicht von einer Gefahr zurückschrecken oder gar einschüchtern ließ.

Als es eines Tages hieß, Kaiser Alexander käme durch Dokszyne, fasste sie den Entschluss, sich - koste was es wolle - an ihn zu drängen, ihm unser Elend vorzutragen, Gerechtigkeit zu verlangen und um Erlaubnis zur Rückkehr ins Vaterland zu bitten. Ich bin fest davon überzeugt, dass sie diesen Vorsatz mit Erfolg ausgeführt haben würde, wenn sich das Gerücht von des Kaisers Durchreise bewahrheitet hätte.

Von einigen durchmarschierenden russischen Offizieren, die sie in Dokszyne sprach, erfuhr sie aber, dass der Kaiser eine andere Route eingeschlagen habe. Ihr herzhaftes Wesen und die Freimütigkeit, mit der sie den Offizieren, die Deutsch verstanden, ihren Entschluss, den Kaiser zu sprechen, mitteilte, gefiel den Herren so sehr, dass sie Geld für sie zusammenschossen und ihr auch die ganze Schürze mit Brot füllten, dass wir uns herrlich schmecken ließen. Meine starke, unverdorbene Natur rette mich allmählich. Ich fing an zu genesen und wurde täglich besser. Nur aufrecht konnte ich mich noch nicht halten.

Um uns die ewig langen Winterabende zu verkürzen, erzählten wir uns gegenseitig, was wir in dem Feldzug erlebt und erlitten hatten. Eines Abends erzählte ein westfälischer Offizier von dem unglücklichen Übergange über die Beresina, den er selbst mitgemacht hatte. Er schilderte lebhaft die Schreckensszenen, deren Augenzeuge er gewesen war.

„In Wilna", so berichtete er ein anderes Mal, „waren wohl gegen 100.000 Gefangene von allen Nationen und Waffen beisammen. Auf allen Straßen und auf dem freien Felde lagen sie bei grimmigster Kälte. Die Hungersnot war bei ihnen so hoch gestiegen, dass sie den Toten das Fleisch aus den Waden und dem Hinterteil schnitten, es an einen Span steckten, am Feuer brieten und mit Gier aufzehrten, lange ehe es noch gar gebraten war."

Wir schauderten und als wir eben unserem Abscheu Worte gaben, taumelten zwei Russen, Arm in Arm, singend und jauchzend, herein, als wären sie betrunken. Sie stellten sich aber nur so, was uns sehr bald klar wurde. Denn plötzlich fuhr der eine auf den Mantelsack des Leutnants Baron Asch zu und riss ihn an sich.

Im Nu waren beide vor der Türe. Die Bedienten, die selbst alle kränklich und schwach waren, konnten ihnen nicht schnell genug nachsetzen und als sie herauskamen, waren die Diebe schon verschwunden.

Für den Baron Asch war dieser Verlust sehr empfindlich. Alle seine Habseligkeiten waren in dem Mantelsack. Unglücklicherweise hatte er noch kurz vorher seine Hose, um sie zu schonen, hineingepackt und sich in der warmen Stube mit den Unterbeinkleidern begnügt. Es war ihm also nichts zu seiner Bedeckung geblieben als diese schon sehr zerrissene Unterhose, das Hemd und ein Uniformfrack, der glücklicherweise an einem Haken an der Wand hing.

Leutnant Cammer hatte mir ein paar Tage vorher schöne grüne Beinkleider geschenkt, da meine Hose sehr zerrissen war. Um diese Hose bat mich jetzt der Beraubte und wie konnte ich sie ihm versagen? Ich hatte ja noch Beinkleider; er aber war ganz entblößt.

Dieser Raub gab uns noch lange Stoff zum Gespräch, bis sich ein trauriger Fall ereignete. Leutnant Crammer fing an über Unwohlsein zu klagen, wurde immer kränker, verlor bald die Besinnung und fantasierte Tag und Nacht, wobei er nun häufig das Dorf Zeswirsch, bei Kobylnik, nannte, wo wir eine Zeit lang gelegen waren. Bald gab dieser brave Offizier den Geist auf. Ihm wurden nun, wie es bei allen Verstorbenen der Fall war, von seinem Bedienten die besten Sachen abgenommen und der Leichnam vor die Tür gebracht.

„Wieder einer weniger", ging die Rede unter uns und jeder erwartete mit hoffnungsloser Kaltblütigkeit, dass die Reihe nun auch bald an ihn komme. Auch ich war darauf gefasst. Ach, ich ahnte nicht, dass ich zu einem weit größeren Unglück aufgehoben war.

Meine Walpurga, die bis jetzt trotz aller Drangsale und Mühseligkeiten ununterbrochen gesund und rüstig geblieben war, fing an zu kränkeln, verlor endlich, wie Leutnant Crammer, die Besinnung und fantasierte und schrie wie er. Mitten in der Nacht stand sie auf, packte zusammen und wollte fort, so dass wir sie mit Gewalt zurückhalten mussten. Es zeigte sich deutlich, dass sie ein Nervenfieber ergriffen hatte.

Am anderen Tag erschien ein Kosak und rief uns den gewöhnlichen Morgengruß zu: „Marschier', Kamerad!"

Das hieß soviel als: Wer noch aufstehen kann, soll weiter transportiert werden. Nur wenige, nämlich Hauptmann Nagel, Leutnant von Asch, Oberleutnant von Schindling und der westfälische Offizier, vermochten es. Oberleutnant Baumgratz, der krank war und erfrorene Füße hatte, sein Bedienter, ich und meine Frau, wir konnten nicht mit fort. Mit schwerem Herzen nahmen die Offiziere von uns Abschied; denn sie wussten nicht, welchen neuen Übeln sie entgegen gingen.

Der Zustand meiner Frau verschlimmerte sich stündlich und meine Angst und Sorge wurden immer größer: Abends wurde sie still. Als es schon ganz dunkel war, begehrte sie, dass man ihr aufhelfe. Ich vermochte es allein nicht; denn ich war zu schwach aufzustehen. Ich bat den Bedienten des Oberleutnants mir behilflich zu sein. Er richtete sie empor und ich half kniend, soviel ich konnte. Plötzlich neigte Walpurga den Kopf gegen mich und ließ ihn dann sinken. „Walpurga, Walpurga", rief ich aus, „was ist Dir?" Der Bediente strengte seine ganze Kraft an, sie aufzurichten. Umsonst. Sie war tot! - Nur wer ähnliches erlebt hat, kann ermessen, wie mir jetzt zumute war. Ich ließ sie los, sank verzweiflungsvoll auf mein Lager zurück und stieß einen entsetzlichen Klageschrei aus. Mein Elend war grenzenlos. Sie, der ich mein Leben wohl tausendmal zu verdanken hatte, meine Retterin, Pflegerin und Erhalterin, lag tot an meiner Seite. Meine Sinne verwirrten sich; ich wusste einige Zeit nicht, wie mir geschah, noch, wo ich war.

Baumgratz sprach mir Trost zu. „Sie ist erlöst", sagte er, „und wir sind auch nicht ganz verlassen, können wir gleich nicht mehr auf, so ist da ja noch mein Bedienter noch da, der uns helfen und pflegen kann."

Doch taub für alle Trostworte zog ich meine wollene Decke über den Kopf und ließ meinem Tränenstrom freien Lauf.

Es war etwa Mitternacht, als der Bediente anfing heftig zu röcheln. Sein Herr rief ihm zu nicht so stark zu schnarchen; aber er gab keine Antwort. Endlich wurde er still. Als ich bei Tagesanbruch nach ihm hinüberblickte, lag er tot neben meiner Frau. Die Fäuste hatte er krampfhaft über der Brust geballt. Sein schwarzer Schnurrbart war mit angefrorenem Reif überzogen; denn seit der Entfernung der anderen Offiziere, also seit etwa 24 Stunden, hatte der unmenschliche Edelmann unsere Stube nicht mehr heizen lassen.

Kaum hatte Oberleutnant Baumgratz Kunde von dem Tode seines Bedienten erfahren, so fing er ebenso zu jammern und zu wehklagen an wie ich.

„Jetzt sind wir ganz verlassen", schrie er händeringend, „jetzt müssen wir Hungers sterben."

Der Hunger quälte uns aber weniger als der Durst.

In dieser hoffnungslosen Lage blieben wir den ganzen Tag und die ganze folgende Nacht: zwei Lebende allein, verzweiflungsvoll neben zwei Leichen. Niemand ließ sich sehen noch hören, niemand schürte Feuer in unserem Ofen, niemand reichte uns einen Bissen Brot oder einen Tropfen Wasser.

Ich war bei alledem noch glücklicher als Baumgratz. Er konnte sich gar nicht regen und wenn er es versuchte, so presste ihm der heftige Schmerz an seinen halbverfaulten Zehen einen grässlichen Klageschrei aus. Jeder Versuch sich fortzuschleppen, musste er aufgeben. Ich aber vermochte - auf allen Vieren kriechend - mich dem Fenster zu nähern, von dessen Scheiben ich mit meinen Nägeln, die lang waren wie Adlerklauen, das Eis und den angefrorenen Reif herunterkratzte und so meinen Durst löschte.

Am zweiten Tag endlich trat ein Bauer herein und sah sich gleichgültig im Zimmer um. Wir flehten ihn um Wasser an.

„Wenn Ihr Geld habt", entgegnete er, „so will ich Euch Wasser bringen."

„Hier", sagte ich und zeigte ihm einen Düt. „Wenn Du uns Wasser bringst", sagte ich in gebrochenem Russisch, „sollst Du dieses Geldstück haben."

„Sogleich", sagte der Barbar und nahm einen Topf zur Hand.

Bald kam er mit Wasser wieder. Er gab nun jedem zu trinken, nahm den Düt, stellte den Topf auf die Bank und ging seines Wegs. Als mich kurz darauf der Durst wieder quälte, kroch ich zu Bank, fand aber das Wasser gefroren. Nun hatten wir alle Aussicht auf Rettung verloren. Es war nicht zu vermuten, dass sich irgend jemand um uns bekümmern würde. Ließ man doch sogar die Verstorbenen liegen, die früher immer weggebracht worden waren.

So lagen wir drei Tage und Nächte bei den Toten, ohne dass sich uns ein menschlicher Fuß näherte. Doch ja - in einer dieser Nächte schlich jemand herein, aber nicht um uns beizustehen, sondern um mir die wollene Decke, meinen einzigen Schutz gegen die schreckliche Kälte, vom Leibe zu reißen. So war ich also von allem entblößt und erwartete nun sehnsuchtsvoll den Tod.

In der Nacht, die dem Schreckenstage folgte, erblickten wir durch das Fenster den Schein eines Lichts und bald darauf trat ein Bauer mit einer Windfackel in die Stube und sah sich um. Wir dachten, er käme um uns den Garaus zu machen; aber er entfernte sich wieder und kam bald mit einem anderen zurück. Einer packte meine Frau, der andere den Bedienten und trugen sie vor die Tür, wo wir gleich darauf einen Schlitten wegfahren hörten. Unser Jammer überstieg allen Begriff. War Walpurga gleich tot, so war sie doch bis jetzt in meiner Nähe und dies hatte mit einigen Trost gewährt. Jetzt war sie fort, auf ewig fort, in dieser Welt nicht wieder zu sehen. Ich weinte die ganze Nacht durch.

Der Tag kam; aber keine Hilfe, kein menschliches Wesen kam mit ihm. Jetzt entschloss ich mich kurz.

„Herr Oberleutnant", sagte ich zu Baumgratz, „verloren sind wir doch; ich will hinauskriechen; vielleicht finde ich jemand, der sich meiner erbarmt; dann will ich auch sorgen, dass man Sie abholt."

Ich nahm also meine ganze Kraft zusammen und kroch auf Händen und Füßen zur Tür hinaus. Im Schnee herumtappend erblickte ich ein Gebäude, das an das unsrige stieß. Ich schleppte mich an die Türe und kroch hinein. Es war die Gesindestube des Edelhofs. In ihr befanden sich mehrere Bauern. Als mich diese Barbaren erblickten, fingen sie an, auf mich zu schimpfen und wollten mich wieder hinauswerfen. Da trat eine Bauersfrau dazwischen und nahm sich meiner an. Ich durfte also bleiben und setzte mich auf einen Haufen gehackten Holzes. Aber bald verlor ich das Bewusstsein und sank ohnmächtig hinunter. Ohne Zweifel hatte die plötzliche Wärme diese Wirkung hervorgebracht.

Als ich wieder erwachte, lag ich oben auf dem Ofen. Die russischen Öfen haben ungefähr die Form deutscher Backöfen; nur dass sie sehr groß, oben flach und zu einer Liegestatt eingerichtet sind. Diesem Lager, auf das ich wahrscheinlich durch Vermittlung der menschenfreundlichen Bäuerin hinaufgehoben worden war, habe ich ohne Zweifel meine Rettung zu verdanken. Hier war es warm und traulich, ja oft nur zu warm, so dass ich es manchmal kaum aushalten konnte. Ich war ja nur gewohnt zu frieren und nun musste ich plötzlich eine Brathitze aushalten. Die Bäuerin reichte mir jetzt auch etwas warme Suppe, die mich unbeschreiblich labte.

Ich dachte nun an den Oberleutnant Baumgratz und überlegte eben, wie ich ihm helfen konnte, als draußen plötzlich ein großer Lärm entstand. Die Tür ging auf und Baumgrat kam unter herzzerreißenden Jammer- und Wehgeschrei auf Händen und Füßen hereingekrochen. Der Arme, der sich ebenfalls herausgerafft hatte um dem Hungertode zu entgehen, litt bei jeder Bewegung die unsäglichsten Schmerzen; denn seine Zehen waren schon weggefault und seine Fersen bereits von der Kälte bis zur Fäulnis angegriffen.

Die Bauern, die schon durch meine Gegenwart erbittert waren, gerieten nun völlig in Wut. Ohne mit dem schrecklichen Zustand des Offiziers das mindeste Mitleid zu fühlen, schickten sie sich an, ihn vor die Tür zu werfen. Aber meine Retterin, die edle Bauersfrau, wehrte aus aller Macht den Unmenschen und beschwichtigte sie. Aus ihren Händen erhielt auch dieser Unglückliche eine warme Suppe. Gott lohne dieser wackeren Frau, die in uns den Glauben an eine Vorsehung und an die Menschheit aufrecht erhalten hat.

Der Oberleutnant legte sich nun auf die Erde beim Ofen hin. Wie gern hätte ich ihn zu mir heraufgehoben; aber mir fehlte die Kraft und von den Bauern war nichts zu erwarten. Doch war er noch erträglich daran, da sein guter langer Pelz ihn genugsam vor dem kalten Erdboden schützte.

Uns wurde wie den Hunden täglich die Überbleibsel der schlechten Kost dieser schmutzigen Menschen überlassen, nämlich etwas Suppe, eine Krautbrühe und ein wenig Brot. Des Essens konnten wir ziemlich entraten; denn wir hatten keinen Hunger, wohl aber heftigen Durst, den wir mit schlechtem Wasser löschten. Da wir nicht aufstehen und uns nicht von dem Lager wegbegeben konnten, so drängte sich die Frage auf, wie wir unsere natürlichen Bedürfnisse befriedigten. Aber man erlasse mir diese Beantwortung. Das Wohlanständigkeitsgefühl decke einen Schleier über diesen Teil unseres Elends.

Eine Milderung meines Zustandes brachte mir ein Baschkire, der sich zu mir auf den Ofen legte. Anfangs scheute ich mich vor diesem verwilderten Kerl, der in seinem blauen Überkleid, mit seinen winzigen Augen, seinen großen Ohren und seinem Glatzkopfe unter der blauen spitzen Mütze unheimlich genug aussah. Aber später lernte ich einsehen, dass es ein seelenguter Mensch war.

Mein Schlafkamerad war, wie ich später erfuhr, als Schutzwache auf den Edelhof kommandiert worden und hatte sich meinen Ofen als Bett gewählt. Er bekam täglich eine Portion Reis mit einem Stück Fleisch und Brot und teilte dies Essen gutherzig mit mir.

Als ich eines Tages meine zerrissenen Beinkleider mit einer Nähnadel flickte, die ich noch von meiner Frau besaß, sagte er etwas zu mir, was ich nicht verstehen konnte und da diese rohen Menschen immer etwas Barsches im Ton haben, so wurde mir bange. Aber die Bauersfrau machte mir begreiflich, dass der Baschkir die Nadel wolle. Ich gab sie ihm sogleich samt dem Faden und nun fing er an, seine Kleider zu flicken.

Es sah possierlich aus, wie ungeschickt sich der raue Krieger dabei benahm. Auch war es drollig, dass der redselige Kerl sich alle erdenkliche Mühe gab es dahin zu bringen, dass ich ihn verstände. Bei all meinem Elend zwang mir der gute Mensch oft ein Lächeln ab. Als er nach ein paar Tagen abzog, vermisste ich ihn sehr.

In diesem Zustande lagen wir ungefähr fünf oder sechs Tage. Genau weiß ich es nicht mehr; denn das Zeitmaß hatte ich ganz vergessen und wusste kaum, dass wir im Januar 1813 lebten.

Da trat eines Abends der Edelmann in das Zimmer, fragte nach dem Offizier, redete ihn in französischer Sprache an und erhielt ebenso Antwort. Das Gespräch wurde lange fortgesetzt, Schnaps und Brot wurden gebracht und der Edelmann gab dem Offizier aus einer mit Silber beschlagenen Meermuschel zu trinken. Auch ich erhielt Schnaps und Brot.

Während des Gesprächs, von dem ich nur einzelnes verstand, saß der Edelmann auf der Erde neben dem Offizier, sah ihm aber nie gerade ins Gesicht, sondern schielte ihn nur von der Seite an. Zuweilen warf er einen tückischen Blick zu mir herauf.

Endlich verließ er uns und Baumgratz rief mir zu: „Freuen Sie sich, Sergeant! Nun bekommen wir es gut. Wir bleiben hier und erhalten täglich unser gutes Essen auf dem Edelhof. Der Edelmann hat mir das versprochen."

„Ach, Herr Oberleutnant", sagte ich, „bauen Sie doch nicht auf die Zusage dieses falschen Menschen! Sie wissen, wie er uns behandelt hat. Sollte er plötzlich ein so anderer Mensch geworden sein? Ich traue ihm nicht."

Schon der nächste Tag bewies, wie berechtigt mein Argwohn war. Es kam ein Kosak und rief uns das wohlbekannte: „Marschier', Kamerad!" zu.

Man denke sich unseren Schrecken. Wir machten dem Kosaken begreiflich, der Edelmann habe uns den Aufenthalt hier zugesagt; aber er schüttelte den Kopf und gab uns zu verstehen, wir würden im Städtchen untergebracht.

„Aber", bedeuteten wir ihm, „wir können ja nicht marschieren."

Da wies er auf zwei Schlitten, die draußen bespannt standen. Es half also nichts; wir mussten auf und traten, unterstützt von dem Kosaken und einem Bauern, den Weg vor die Tür hinaus an. Jeder wurde auf einen Schlitten gepackt und nun ging rasch es ins Städtchen Dokszyne hinunter.

Wir konnten nichts anders denken, als dass man uns nun wenigstens ein erträgliches Quartier anweisen würde. Aber ach! Wie täuschten wir uns! Wir hielten vor einem verlassenen Hause am Rande des Städtchens, wurden von den Schlitten heruntergehoben und in eine elende Stube gebracht, wo keine Fenster waren. Hier lag ein toter Russe neben zwei Schwerkranken. So nahe sie dem Tode waren, so erfüllte sie doch der Hass gegen uns. Sie grinsten uns mit gefletschten Zähnen an und murmelten Schimpfwörter gegen uns. Kurz darauf gaben beide den Geist auf. So lagen wir denn wieder auf dem Erdboden in der Kälte bei den Toten.

Indem wir unser neues Elend überdachten, wurden neue Gefangene, Bayern, Hessen und Franzosen, hereingebracht. Die drei Toten wurden hinausgeworfen und wir blieben, im ganzen unser sechzehn, in der Stube, teils Kranke, teils Gesunde.

Dieser Zuwachs erleichterte unsere hilflose Lage, da wir nun mehr Beistand hatten. Ich war schon soweit genesen, dass ich - auf einen Stock gestützt - mich allmählich, wenn auch nur mühsam, wieder an das Gehen gewöhnen konnte. Durch etwas Bewegung hoffte ich meine Gesundheit wieder herzustellen; aber leider dauerte es mit dem Gehen nicht lange. Die Füße fingen an zu schwellen, so dass mir die Schuhe zu eng wurde. Um nicht barfuß laufen zu müssen, schnitt ich das Oberleder auf, obwohl die Lumpen, die ich um meine Füße gewickelt hatte, mich nicht genügend vor der Kälte schützten.

Ich zwang mich dazu jeden Tag etwas zu gehen. Mein Leidensgefährte Oberleutnant Baumgratz ließ sich täglich von seinem neuen Bedienten Herzinger auf dem Rücken herumtragen. Da sich allmählich bei mir der Appetit wieder einstellte, so ließ ich meinen letzten bayerischen Taler wechseln und Herzinger kaufte Milch und Grütze und kochte für uns drei ein Gericht Brei. Welch' ein herrliches Gastmahl, nachdem wir solange kaum satt Brot gehabt hatten! Die übrigen Gefangenen gingen im Städtchen herum und bettelten vor den Türen, um nur ihr Leben zu fristen.

An diesem Jammerort brachten wir wieder vier bis fünf Tage zu. Da erschien ein Baschkir und schrie: „Marschier', Kamerad!"

Wir stellten ihm vor, dass wir krank seien und nicht gehen könnten. Aber er gab uns zu verstehen, dass Schlitten für uns bereitständen.

Wir brachen also auf und fanden auf der Straße sechzehn Schlitten, die mit reichlich Heu und Stroh versehen waren. Jeder Bauern nahm nun einen Mann in seinen Schlitten und wir wurden jetzt so sorgfältig in das Stroh und Heu eingehüllt und zugedeckt wie Wickelkinder; denn es war so schrecklich kalt.

So verließen wir einen Ort, wo es uns über alle Beschreibungen gar elend ergangen war, wo wir unerhörte Leiden erduldet, wo ich den härtesten Schlag dieses Erdenlebens erlitten, den Verlust meiner edlen, unvergesslichen Walpurga und wo wir auch so viele Kameraden bloß durch die Unmenschlichkeit des Edelmannes tot zurücklassen mussten. Wäre mir der Name des tückischen, kalten Bösewichts, der die größte Schuld an all diesem Jammer trägt, der sich einen Edelmann nannte, aber jeder edlen Gesinnung bar war, nicht

entfallen, ich würde nicht anstehen ihn der Verabscheuung aller guter Menschen preiszugeben.

Wir fuhren in mäßigem Trabe den Tag hindurch, bis wir gegen Abend ein Dorf erreichten, wo wir einquartiert wurden. Hier lernte ich die ganze Gutmütigkeit des Baschkiren kennen, der den Transport kommandierte. Jeden Schlitten fuhr er selbst ans Haus, half jedem Gefangenen aussteigen, führte jeden in die Stube und schärfte den Bauern streng ein, uns gut zu verpflegen. So benahm er sich gegen uns, solange wir das Glück genossen, ihn als Transportkommandanten zu haben. So hässlich sein Äußeres war, so schön war doch seine Seele. Welch' ein Unterschied zwischen dem edlen Gemüt des plattnasigen, kleinäugigen, großohrigen, kahlköpfigen Baschkiren und der Grausamkeit und gänzlichen Gefühllosigkeit des wohlgebildeten Russen!

Doch gab es auch unter den Russen Ausnahmen und ohne ungerecht zu sein, kann man sie nicht allgemein als herzlos verdammen. Sie waren aber durch ihre Obrigkeit so sehr gegen Napoleon und alle seine Truppen erbittert worden, dass sie ihn ihm nur einen Räuberhauptmann und in uns nur Mörder und Spitzbuben sahen, die man vertilgen müsse wie wilde Tiere. Hierzu kommt die sklavische Behandlung, sie sie selbst zu erleiden haben, wodurch sie ganz verwildert sind. Sie haben selbst die Menschenwürde nie gefühlt und wissen sie also auch bei anderen Völkern nicht zu ehren. Was war von den Gemeinen zu erwarten, wenn selbst Vornehme, hohe Beamte, Edelleute und hohe Offiziere nicht selten die empörendste Herzensrohheit bewiesen!

Als wir eines Abends wieder in unser Quartier kamen, empfing mich der Bauer mit dem schönen Gruß: „Du Schwein, warum hast Du Gesicht und Hände nicht gewaschen?"

Dieser Gruß aus dem Munde eines Kerls, der in der Schweinerei geboren und erzogen war, ärgerte mich nicht wenig, zumal der Mann ganz Recht hatte. Denn ich sah wirklich von dem Ruß aus dem Ofen, wo ich solange gelegen war, sehr schmutzig aus. Aber jedes Gefühl für Reinlichkeit war uns Armen längst vergangen. Wem das Leben selbst schon zur Bürde geworden war, der kümmert sich nicht mehr darum, wie er aussieht.

Auch hatte ich nun wirklich mit schlimmeren Übeln als mit dem Schmutz zu kämpfen. Doch wirkte des Bauern Grobheit so auf mich, dass ich mir vornahm, mich sogleich zu reinigen, wenn ich an dem Ort unserer Bestimmung angelangt wäre.

Die Geschwulst an meinen Füßen hatte so sehr überhand genommen und verursachte mir so empfindliche Schmerzen, dass ich laut jammerte und wehklagte. Der Bauer fragte mich, was mir fehle und als ich auf meine Füße gewiesen hatte, ging er hinaus, kam aber bald mit einem hölzernen Gefäß voll Schnee wieder, steckte meine Füße tief hinein, deckte sie ganz mit Schnee zu und rieb sie tüchtig damit ab. Der Schmerz, den ich dadurch erlitt, war groß. Ich wollte die Füße zurückziehen, aber der Bauer, der diese Kur besser verstand, hielt mich mit Gewalt fest und ließ mich nicht eher von der Stelle, bis er es für gut befand. Danach wickelte er meine Füße in gewärmte Lumpen und legte mich auf eine Bank, auf der er ein Strohlager bereitet hatte.

Am anderen Morgen waren die Schmerzen, sowie die Geschwulst fast gänzlich verschwunden. Der Bauer gab mir zu verstehen, ich solle jetzt meine Füße soviel ich könne schonen, beschenkte mich mit noch mehr Lumpen zum Einwickeln und wünschte mir eine glückliche Reise.

Wir waren wieder ungefähr acht Tage lang gefahren, als wir auf eine große Heide kamen, die - so weit das Auge reichte - mit Toten übersät war. Es war das Schlachtfeld an der Beresina. Schon von Ferne hatten wir große Feuer und viel Rauch gesehen und als wir nun näher kamen, erkannten wir, dass es Scheiterhaufen waren, auf welchen die Leichname verbrannt wurden.

Die Russen verfuhren dabei so, dass sie immer eine Lage Holz, eine Lage Menschen, eine Lage Stroh und wieder Menschen aufeinander schichteten und dann in Brand steckten.

Wir langten in dem Städtchen Borysow an, das von den Franzosen auf jenem verhängnisvollen Rückzuge zur Hälfte eingeäschert worden war. Wir wurden auf den Marktplatz gefahren; unser Baschkir ging zum Stadtkommandanten. Während seiner Abwesenheit sammelte sich eine Menge Volk um unsere Schlitten. Schon fing der rohe Haufen an zu schimpfen und uns mit Steinen und Kot zu bewerfen, als Militär dazwischen trat. Ein alter Soldat nahm sich unser mit besonderem Eifer an und so entgingen wir weiteren Misshandlungen. Nun kam auch unser Baschkir vom Kommandanten zurück und übergab einem der Bauern einen kleinen beschriebenen Zettel. Uns aber machte er begreiflich, dass er uns nicht weiter begleiten könne. Gerührt sagte er uns Lebewohl, umarmte unter Tränen jeden von uns und schied unter vielen Segenswünschen. Wir waren sehr betrübt, diesen redlichen Mann zu verlieren, der so menschenfreundlich für uns gesorgt hatte. Die nächste Zeit bewies nur zu sehr, wie gerechtfertigt unsere Betrübnis war.

Die Bauern fuhren gegen Abend mit uns weiter und nach etwa einer Stunde erreichten wir ein großes Dorf. Es war inzwischen Nacht geworden. Der Bauer, der den Zettel erhalten hatte, ging in den Edelhof, wo der russische Kommandant, ein Leutnant im Quartier lag. Er war aber nicht zu Hause und wir mussten auf der Straße seiner Rückkunft geduldig erwarten.

Nach ungefähr einer halben Stunde kam er - in einen großen Pelz gehüllt - in einem Schlitten angefahren. Mit ihrer gewohnten knechtischen Unterwürfigkeit gingen ihm die Bauern tiefgebückt entgegen und der eine überreichte ihm das Papier des Kommandanten von Borysow. Er überlas es, Zorn überflammte sein rohes Gesicht und mit einem Strom von Flüchen und Schimpfwörtern zerriss er das Blatt und warf es in den Schnee.

„Marschiert, Franzosen!", rief er uns zu, „ich gebe Euch kein Quartier!" Und so fuhr er pfeilschnell davon.

Als die Bauern, die uns schon acht Tage Vorspann geleistet hatten, sahen, dass sie hier nicht abgelöst würden, wechselten sie einige Worte untereinander; dann ging jeder zu seinem Schlitten, fasste ihn an einer Seite an und warf ihn um, so dass wir im Nu alle sechzehn samt dem Stroh und Heu, in das wir ja gewickelt waren, wie Kälber auf der Straße im Schnee lagen, während die Bauern ihre Schlitten bestiegen und davonjagten.

Jetzt war guter Rat teuer. Wie sollten wir ein Unterkommen für diese Nacht finden? Endlich musste sich jeder von uns entschließen selbst danach zu suchen. Wir rafften uns auf und schleppten uns einzeln an die Türen der Häuser. In einem Haus trat mir ein russischer Soldat entgegen. Es lagen derer viele, sowohl Gesunde als Kranke, in dem Dorfe. Er fragte mich in barschem Tone, was ich hier wolle. Ich bat ihn mir zu erlauben, auf dem Vorplatze zu übernachten. Er wies mich aber ab und gab mir zu verstehen, dass ein kranker Kapitän in den Hause liege und dass für einen Franzosen kein Platz sei. Ich bat dringender. Da versetzte mir der Russe mit geballter Faust einen Schlag vor die Stirn, dass ich zu Boden stürzte. Dann warf er mich ohne Umstände vor die Türe.

Mit bitteren Tränen schleppte ich mich zurück auf den Platz, wo uns die Bauern abgeladen hatten. Hier traf ich nun mehrere, die das gleiche Schicksal wie ich gehabt hatten und auch wieder zurückgekommen waren. Auch der hilflose Oberleutnant langte auf dem Rücken seines Bedienten hier an und in kurzem waren wir wieder alle sechzehn beisammen. Nicht einer von uns hatte bei den Barbaren Obdach gefunden.

Da standen wir, zerlumpt und elend, unter freiem Himmel in einer hellen, gestirnten Mondnacht bei entsetzlicher Kälte. Was war zu tun? Wir rafften das Stroh und Heu, das mit uns abgeladen worden war, zusammen, bereiteten daraus eine Lagerstelle auf dem Schnee, kauerten uns darauf hin und rückten und schoben uns ineinander wie die Schafe, so dicht wir konnten. So erwarteten wir den gewissen Tod. Aber die Vorsehung hatte es anders beschlossen.

Nach ungefähr einer Viertelstunde kamen zwei Russen des Weges, die wir an ihrer grauwollenen Kleidung als Rekruten erkannten. Sie bemerkten uns, traten heran und sagten: „Heda, Kamerad! Hier nicht gut! Hier kalt!"

Wir gaben ihnen keine Antwort, da wir nach dem, was wir erlebt hatten, nichts anders glauben konnten, als dass sie uns spotten wollten. Aber sie ließen nicht von uns ab und gaben uns zu verstehen, wenn wir ihnen folgen wollten, so wüssten sie einen Ort für uns, wo es warm sei. Wir deuteten ihnen an, dass wir zu elend seien, um weit zu gehen. Aber sie beruhigten uns, indem sie auf eine nahe Hütte wiesen. Nun waren wir schnell entschlossen ihnen zu folgen. Wir rafften uns auf und traten den Weg an so gut wir konnten; ich auf meinen Stock gestützt, den ich selbst bei dem Sturz aus dem Schlitten nicht losgelassen hatte, Oberleutnant Baumgratz auf dem Rücken seines Bedienten und andere von uns, die nicht gut gehen konnten, am Arm der beiden mitleidigen Rekruten.

Unsere Wohltäter öffneten die Tür der Hütte und führten uns hinein. Es war dies eine Schwitzbude und noch recht warm. Zwar war der Boden durchnässt, da sich die Russen nach dem Schwitzen mit kaltem Wasser zu begießen pflegen; aber wir kümmerten uns wenig um die Nässe; hatten wir doch jetzt ein Obdach und eine warme Ruhestätte.

Da der Durst uns sehr quälte, so baten wir die beiden Jünglinge um Wasser. Sie entfernten sich und kamen bald mit einer Windfackel, zwei Kübeln Wasser und zwei Broten zurück. Sie reichten jedem zu trinken, teilten dann die zwei Brote in sechzehn Teile und gaben jedem sein Stück. Diese edlen Menschen sahen mit Wehmut zu, wie gierig wir dieses Mahl verzehrten, gaben uns auf unser Verlangen nochmals zu trinken und entfernten sich endlich unter Ausdrücken des Mitleids und der Teilnahme, indem sie uns herzlich gute Nacht sagten.

Wenn wir noch in den Tagen der Wunder lebten, so würden wir diese beiden Menschen für Engel des Himmels gehalten haben, die Gott abgesandt hatte, um sechzehn Menschenleben zu erretten. Möchten sie in den folgenden Feldzügen nie in eine Lage, wie die unsrige war, gekommen sein! Und wenn ihnen ein ähnliches Los zuteil geworden war, möchten sie ebenso gute Menschen gefunden haben, die ihr Elend erleichterten! - So erquickt, schliefen wir diese Nacht ziemlich gut.

Es mochte tags darauf schon ziemlich spät gewesen sein, als zwei Bauern die Türe aufrissen und uns zuriefen: „Marschier', Franzuß!"

Wir gaben ihnen zu verstehen, dass wir nicht gehen könnten. Da hoben sie ihre Stöcke, drohten uns und sagten, sie würden uns schon treiben. Wir blieben aber gleichgültig dabei und sagten, sie sollten uns nur totschlagen, damit wir endlich erlöst seien. Als sie sahen, dass wir ruhig und standhaft blieben, gingen sie fort, kamen aber nach ungefähr einer Stunde mit drei bespannten Schlitten wieder und schrieen nun wieder: „Marschier', Franzuß!"

Endlich erhoben wir uns. Aber wie sollten sechzehn Mann auf den drei kleinen Schlitten Platz finden? Da half aber nichts. Die Bauern packten einige von uns und warfen sie übereinander wie Kälber hinein.

Der unglückliche Baumgratz wurde der Länge nach zuerst hineingeworfen. Die Bayern, die ihm nachfolgten, schonten ihn nach Möglichkeit; aber die anderen setzten sich ohne viel Umstände auf ihn, so dass er ein schreckliches Schmerzensgeschrei ausstieß. Da ich mit Hilfe des Stockes schon ziemlich gut auf den Beinen war, so zog ich es vor, mich lieber zu Fuß fortzuschleppen, als so erbärmlich aufgeladen zu werden. Einige Hessen und Franzosen taten ein Gleiches und zu unserer Verwunderung waren die Bauern so vernünftig nicht schneller zu fahren, als wir gingen. Der Marsch dauerte zum Glück nicht lange.

3. Bessere Zeiten

Nach ein paar Tagen erreichten wir das Städtchen Kalobinitz, von welchem uns die Bauern schon auf dem Wege gesagt hatten, wir würden es da recht gut haben.

Wir bekamen gleich beim Eintritt einen Vorgeschmack des Glücks, das uns erwartete. Schon vor dem ersten Hause lagen zwei nackte Tote. Die Häuser hatten weder Türen noch Fenster; sie waren von ihren Bewohnern verlassen worden und von elenden, kranken Gefangenen aller Nationen vollgepfropft. Einige gefangene Soldaten kamen uns entgegen und warnten uns, ja nicht zu sagen, wir seien krank, da man uns sonst in diese wüsten Häuser verweisen würde, wo wir zwar etwas Brot und Grütze bekämen, aber der Kälte ausgesetzt wären.

Die Bauern brachten uns zu dem jüdischen Bürgermeister, dessen erst Frage war, ob wir krank seien. Einstimmig riefen wir alle: "Wir sind gesund!", obschon wir uns kaum auf den Beinen halten konnten. Der Bürgermeister führte uns zum russischen Kommissär, der dieselbe Frage an uns richtete und dieselbe Antwort erhielt, worauf er dem Bürgermeister befahl, uns einzuquartieren.

Uns befahl er, täglich morgens um 09.00 Uhr ins Magazin zu kommen, wo jeder Brot und Grütze bekommen würde. Es ist mir nicht mehr erinnerlich, ob ein Pfund oder eineinhalb Pfund Brot für jeden Gefangenen gereicht wurde. Von der Grütze erhielt jeder ungefähr soviel, als eine hohle Hand fassen konnte.

Ehe uns der Jude einquartierte, erklärte er mit unverschämter Freimütigkeit, wer ihm Geld gäbe, den wolle er bei Bauern unterbringen, wo er dann Kartoffeln, wer ihm nichts gäbe, den wird er in ein Judenhaus legen, wo er nichts zu essen bekäme. Mir waren von dem Taler, den ich in Dokszyce hatte wechseln lassen, noch einige Groschen übrig geblieben. Ich gab dem Habsüchtigen einen davon und wurde in einem Bauernhaus untergebracht, dessen Bewohner mich sehr willig aufnahmen. Es waren gute Menschen, die mir von jedem Mittagsmahl und Nachtessen Kartoffeln oder Kraut gaben. Dieses war eine große Beihilfe zu dem Brot und der Grütze, die ich im Magazin fasste.

Ich hatte nun ein Obdach, eine warme Stube und konnte meinen Hunger stillen. Welches lang entbehrte Glück! Jetzt dachte ich auch an die Reinigung meines Körpers und bewerkstelligte sie, so gut ich konnte.

Eine kleine Beschreibung der Wohnung, in der ich jetzt einen kurzen Stillstand meiner Leiden genoss, möge dem Leser einen Begriff von der Bauart der Häuser und der Lebensweise der Bewohner geben.

Das Haus war aus Holz gebaut. Es bildete ein Viereck und hatte nur ein Stockwerk, so dass die bewohnbaren Gemächer zur ebenen Erde lagen; dann folgte der Dachstuhl. Dieser ist gewöhnlich mit Holzspänen oder Schindeln gedeckt, die mit Querstangen belegt und mit Steinen beschwert sind.

In der Stube selbst waren rings herum an der Wand breite Bänke angebracht, auf denen es sich bequem liegt. In einer Ecke stand ein großer Tisch, über welchem ein schmutziges, schlecht gemaltes Bild des Heiligen Nikolaus hing. Ferner war da eine bretterne Pritsche, worauf der Bauer, sein Weib und seine ganze Familie - alle durcheinander - schliefen. In der Nähe der Pritsche hing an vier Stricken, einer viereckigen Waagschale ähnlich, ein bretterner Behälter, der einem großen Spukkasten ähnlich und worin ein kleines Kind lag, das in dieser Schaukel auf und nieder baumelte und von dem Rauch des Ofens so geschwärzt war, als ob es im Schornstein gehängt wäre.

Zu den Menschen gesellen sich im Winter noch junge Schweine, Schafe, Hühner, Kälber, Gänse und Enten und machen mit ihnen gleichsam eine Familie aus. Man stelle sich nun die Unreinlichkeit und den Gestank vor! Eine andere Plage ist das zahllose Ungeziefer, das durch die Bauart solcher Hütten förmlich gehegt wird. Denn zwischen den aufeinander liegenden Balken, welche die Wände bilden, ist immer eine Schicht Moos, wo sich Heere von Wanzen und Schaben aufhalten und gar nicht zu vertreiben sind, was übrigens den Bewohnern auch gar nicht in den Sinn kommt Auch stecken in dem Moose eine Menge Grillen, deren unaufhörliches nächtliches Zirpen und Schrillen keinen Menschen schlafen lässt, der nicht da geboren und dazu erzogen ist. Von den Läusen schweige ich. In diesem Artikel hatten weder der Soldat dem Bauern noch der Bauer dem Soldaten etwas vorzuwerfen; denn beide hatte die üppige Natur damit gleich verschwenderisch versehen.

Erwähnen wir nun noch den Ofen, dessen Bauart schon geschildert und die durch ganz Russland ungefähr dieselbe ist, so ist die ganze Einrichtung der Stube beschrieben. Die Art des Heizens ist für einen Fremden sehr lästig. Der Russe holt kein dürres Holz aus seinen Wäldern, sondern er steckt grünes, frisch gehauenes in seinen Ofen. Während ein Teil davon in Flammen steht, trocknet der andere daneben, bis die Reihe an ihn kommt. Dadurch entsteht eine dicke Rauchsäule, die aus dem Ofenloch dringt, sich in der Stube verbreitet und sich durch ein viereckiges Loch in der Decke den Ausweg sucht. Dieses Loch und die Tür derselben werden deshalb aufgerissen, sobald geheizt wird. Aber ehe das Feuer Luft bekommt und der Rauch abzieht, ist es kaum auszuhalten. Man pflegt sich auf die Erde zu setzen, während das Feuer zusammenbrennt. Der Rauch steigt schichtweise in die Höhe und erst wenn das Feuer zur Glut niedergebrannt ist, verschwindet er völlig. Nun wird das Loch und die Türe zugemacht und es verbreitet sich eine tüchtige Wärme, die selbst bei der strengsten Kälte den ganzen Tag über anhält, so dass man vor dem Abend nicht mehr zu Heizen braucht. Das Essen wird an dem Feuer gleich morgens für den ganzen Tag gekocht und erhält sich an der Glut, die in ein Loch zusammengeschoben wird, bis in die Nacht hinein warm.

Alle Gerätschaften, Tisch, Pritsche, Holzgeschirr, Bänke sind von des Bauern eigener Hand verfertigt. Auch seine Schlitten und Wagen, die Stränge, woran die Pferde ziehen, sogar die Räder macht jeder sich selbst. Er verwendet dabei nicht ein Lot Eisen und doch ist alles auf das Beste befestigt und dauerhaft.

Doch wieder zu meinen Schicksalen; denn es ist nicht meine Aufgabe das Land mit seinen Gebräuchen und Eigentümlichkeiten zu schildern. Ich berühre davon nur soviel als nötig ist, damit man sich einen Begriff von meiner Lage machen kann.

Trotz des Ungemachs, das ich durch die Nachbarschaft der Haustiere und die noch weit unwillkommenere Nähe des Ungeziefers zu erleiden hatte, fühlte ich mich doch hier glücklich; denn ich wurde gespeist, gewärmt und freundlich behandelt.

Von Zeit zu Zeit ging ich zu dem Juden Simon, der Branntwein ausschenkte. Hier pflegten sich die Gefangenen zu laben, die noch einiges Geld besaßen oder sich durch Betteln solches verschafft hatten. Besonders verstanden es die Franzosen, die sich mit großer Gewandtheit in jeder Lage des Lebens zu helfen wussten und ihre Heiterkeit nie verloren, sich auf verschiedene Weise Unterstützung zu verschaffen. Einer von ihnen, der uns zu barbieren pflegte, tat sich vor allen durch seine Lustigkeit hervor und war unerschöpflich in Listen, die Edelleute auf irgend eine Weise zu schröpfen.

Eines Tages hörten wir, die Edelleute der Umgegend würden am anderen Tag in die Stadt kommen, um eine amtliche Zusammenkunft zu halten. Hierauf baute der Franzose einen Plan, viel Geld zu sammeln.

"Will ik mak ein groß Spaß, will ik bekomm viel Geld", sagte er uns. "Edelleut, ist sie dumme Teuf', will sie viel lak und geb Geld."

Wir waren alle begierig, was der Spaßvogel wohl anstellen würde. Als am anderen Morgen die Edelleute mit ihren Familien angekommen waren, erschien der Franzose in einem der wunderlichsten Aufzüge. Er hatte eine ungeheure Perücke von Werg aufgesetzt, sich einen sehr langen Zopf von Stroh angehängt, spielte dabei den Blinden und ließ sich von einem anderen Franzosen an einem langen Stock, dessen Ende sie beide in der Hand hielten, durch die Straßen führen. Dabei sang er französische Lieder, tappte mit den Füßen wie ein Blinder, doch nach dem Takte der Melodie, was eine äußerst komische Wirkung hervorbrachte.

Ein großer Trupp Gefangener zog hinter ihm drein. Vor jedem Hause, wo ein Edelmann wohnte, hielt er an, sang und begehrte ein Almosen. Gott weiß, welch drolliges Zeug der Franzose gesungen haben mag; denn die Edelleute, die mit Frauen und Töchtern vor die Tür traten, wollten bersten vor Lachen. Selbst wir Deutsche, die nichts von seinen Possen verstanden, wurden durch seinen unwiderstehlichen Humor hingerissen. Der schlaue Franzose hatte sich nicht verrechnet. Die Silberstücke flogen ihm zahlreich zu. Nicht ein einziges Kupferstück war darunter.

Als er die Runde gemacht hatte, zog er sich zurück, warf seine Perücke ab und führte uns zum Juden Simon, wo er nicht eher ruhte, bis er mit uns alles Geld in Schnaps umgesetzt hatte. Denn so haushälterisch der Franzose in der Familie sind, so uneigennützig ist er in der Kriegsgenossenschaft und es gibt keine besseren Kameraden als sie.

So floss unser Leben leidlich dahin, zuweilen sogar durch Vorfälle gewürzt, die uns lange Stoff zur Unterhaltung boten. Einst war bei einem Juden Tanzmusik. Der Appetit, den wir bei unserer schmalen Kost immer hatten, war die Ursache, dass wir beschlossen dem Juden einen empfindlichen Schabernack zu spielen.

Während die Bauern mit ihren Mädchen in der Stube einen schwerfälligen Bärentanz aufführten, kamen einige Gefangene und sahen zu. Ich war auch dabei.

Draußen auf dem Vorplatz saß auf einer Latte unter dem Dachstuhl ein Hahn mit seinen Hennen. Auf diese Hühner richteten die Gefangenen, meistens Franzosen, ihr Augenmerk. Einige schrieen und jauchzten in der Stube dem Juden die Ohren voll, während die anderen den Hahn und die Hennen herunterholten und sich in den Wald hinausmachten, wo der Raub gerupft wurde. Ich wusste nichts davon. Plötzlich stürzte die Jüdin herein und schrie: "Die Hühner! Die Hühner sind fort!" Nun stelle man sich das Jammern des geizigen Juden vor! Ich dachte nur, der Jüngste Tag sei da. Wenn Haus und Hof angebrannt wären, hätte er sich nicht ärger gebärden können. Alle Flüche, die im Alten Testament stehen, wurden über die Franzosen ausgestoßen. Aber die Hühner waren weg. Zum Glück wurde nichts entdeckt. So oft wir in der Folge den Juden sahen, zogen wir ihn mit den Hühnern und den Franzosen auf und erfreuten uns allemal an dem drolligen Ausdruck seines Ärgers. Der immer nagende Hunger, den wir litten, mag solches Vergehen entschuldigen.

Noch ein anderer Streich wurde dem Juden gespielt, wobei wieder - wie fast überall - die Franzosen die Rädelsführer waren. Wir hatten bemerkt, dass bei jedem Juden ein Zettelchen mit einem hebräischen Spruch in einem Einschnitt des Türpfostens steckte und mit einer Glasscherbe bedeckt war[12].

So oft ein Jude eintrat, küsste er seine Fingerspitzen und berührte den Spruch. Daraus schlossen wir, dass das Zettelchen einen großen Wert für die Juden haben müsse. Einige Franzosen holten ein solches heraus und stellten es dem Juden nur unter der Bedingung zurück, dass er Schnaps hergäbe. Dieser Vorfall wiederholte sich mehrmals und jedes Mal lösten die Juden ihr Heiligtum mit Schnaps wieder aus. Endlich aber wurden sie der Fopperei überdrüssig und machten dem Spaß dadurch ein Ende, dass sie alle Zettelchen herausnahmen und verbargen.

An einem Sonntag hatte ich mich nach meinem ärmlichen Mittagsmahl auf einer Bank zur Ruhe hingestreckt. Ein großer Stein und darüber ein leerer Tornister, den ich einem Toten abgenommen hatte, waren mein Kopfkissen. Ich war recht sanft eingeschlafen, als ich plötzlich einen Schlag über den Rücken erhielt. Ich fuhr empor und sah nun, dass die ganze Stube jetzt voll Bauern vom Landsturm war, die wir Fremde Kreuzbauern zu nennen pflegten, weil sie auf ihren Mützen über dem **A.I.**[13] noch ein messingenes Kreuz trugen. Ein solcher Kreuzbauer stand, mit einem Kantschu bewaffnet, vor mir. Es war wahrscheinlich derselbe, der mir den Schlag versetzt hatte. Er fluchte und schimpfte auf mich ein und sagte häufig: "Franzuß kaputt!"

---

12 Der Autor bescheibt hier den Gebrauch der Mesusa. Die Tradition, eine Mesusa an die Außenseite des Türrahmens seines Hauses anzubringen, stammt aus Deuteronomium 6,9 [Waetchanan], einem Satz, der zum ersten Abschnitt des Sch'ma gehört: "Du sollst sie auf die Türpfosten deines Hauses und in deine Tore schreiben." Sie sollte an der rechten Seite (wenn man von außen kommt) im oberen Drittel so angebracht werden, dass das obere Ende zur Tür zeigt. Dies ist ein schlichtes Zeichen, dass die Bewohner dieses Hauses jüdisch sind.

13 A.I. - gemeint sind hier die Initialen des Zaren Alexander I. von Russland

Ein Wort, dass die Russen von uns aufgeschnappt hatten. Seinem Beispiel folgten die anderen Kreuzbauern; der eine schimpfte auf Napoleon, der andere drohte mir mit Aufhängen usw. Der mit dem Kantschu Bewaffnete machte alle Augenblicke Miene neuerdings auf mich einzuschlagen. Ich war auf das Ärgste gefasst, bis endlich mein Hauswirt sich ins Mittel legte. Nun umringten die rohen Kerle diesen. Während sie sich mit ihm herumzankten, schlich ich zur Tür hinaus und ging zu dem Juden Simon. Hierhin kamen noch mehrere Gefangene zusammen und erklärten, dass es ihnen ebenso ergangen war wie mir. Es waren nämlich 500 Kreuzbauern eingerückt und in dieselben Häuser einquartiert worden, wo wir lagen. Um uns nicht neuen Misshandlungen auszusetzen, blieben wir über Nacht bei Simon.

Tags darauf setzten diese wilden Horden glücklicherweise ihren Marsch fort und nun begab ich mich wieder in mein Quartier. Aber nicht lange genoss ich das Glück dazubleiben. Ich wurde plötzlich ausquartiert und zu einem Juden gelegt, bei dem ich sehr übel daran war. Ich erhielt von ihm nicht das Mindeste. Als ich hörte, dass sich viele Gefangene von allen Waffen und Nationen truppweise vereinigt und in unbewohnte Häuser verteilt hätten, wo sie gemeinschaftliche Haushalte führten, verließ ich freiwillig des Juden Haus und schloss mich einem solchen Trupp an.

Ich hatte freilich außer der schmalen Magazinkost nichts; aber ich war doch unter Kameraden und in Gesellschaft trägt man sein Elend leichter. Wir stopften die Löcher, welche die Fenster vorstellten, mit Stroh zu und machten tüchtig Feuer, da es Holz genug gab. Die Not zwang uns zur Selbsthilfe. Vom Hunger getrieben, gingen wir in die Wälder, fingen Schweine, die da herumliefen, schlugen sie tot, zerschnitten sie und nahmen immer soviel mit nach Hause, als wir für unsere Küche brauchten. Das Übrige versteckten wir im Gebüsch. Die abgenagten Knochen, die uns früher oder später verraten hätten, verscharrten wir in der Erde. Diese Vorsicht war angebracht. Denn nicht lange dauerte es, so vermissten die Bauern ihre Schweine und machten Lärm.

Es wurde eine allgemeine Haussuchung abgehalten, aber nichts gefunden, so dass wir mit dem Schrecken davonkamen. Aber da ich früher oder später doch einen üblen Ausgang fürchtete, zog ich mich aus diesem Jagdverein auf zahme Schweine gänzlich zurück. Zwei Württemberger folgten meinem Beispiel. Wir drei vereinigten uns und wählten ein kleines Haus, das wir allein bezogen, richteten es ein, so gut wir konnten und lebten gemeinschaftlich von unserer Magazinkost und von den Kartoffeln, die uns milde Bauern von Zeit zu Zeit schenkten.

4. Neues Elend

So lebten wir einige Zeit ziemlich leidlich. Aber auch dieses armselige Glück war mir nicht lange gegönnt. In einer Nacht befielen mich plötzlich schmerzhafte Krämpfe im Unterleib und Zuckungen in allen Gliedern. Dazu kam ein heftiges, fast ununterbrochenes Erbrechen, so dass ich überzeugt war, meine letzte Stunde müsse bald schlagen.

Dieser schreckliche Zustand dauerte 24 Stunden lang. Meine beiden Kameraden taten alles Mögliche, um mir Erleichterung zu verschaffen. Der eine hielt mir nun die ganze Nacht durch den Kopf, der andere rannte nach Ärzten. Es waren derer drei hier, die gemeinsam bei dem Juden Simon wohnten. Sie verordneten mir ein gelbes Pulver und ließen mir sagen, ich solle lauwarmes Wasser trinken, um noch mehr zu erbrechen. Meine Krankheit erklärten sie für die Brechruhr.

Nach dieser Zeit ließ das Erbrechen nach; aber ich war aber so geschwächt, dass meine beiden Leidensgefährten mich wie ein kleines Kind heben und legen mussten. Sie gingen nochmals zu den Ärzten, die ein Mädchen aus Litauen als Köchin bei sich hatten und baten um etwas Suppe für mich, die mir sehr wohl bekam. Meine starke Natur half sich auch dieses Mal. Auch verdanke ich viel den Nahrungsmitteln, die mir die Ärzte von Zeit zu Zeit durch ihre Köchin schickten. Ich selbst konnte, obwohl ich ja noch ein Goldstück besaß, wenig für mich sorgen, da überhaupt nicht zu haben war als Brot und Butter und höchstens etwas Kalbfleisch, das die Juden verkauften. Auch fehlte uns das Geschirr, um alles gehörig zuzubereiten. Die Ärzte hingegen erhielten Lebensmittel und alle Fleischarten von den Edelleuten.

Als ich mich wieder auf den Beinen halten konnte, führten mich die beiden menschenfreundlichen Kameraden an die frische Luft - aber oh Himmel, wie erschrak ich, als es mir vor den Augen war, wie wenn mir ein dichter Schleier übergeworfen worden wäre. Ich hatte die Sehkraft verloren. Man denke sich meine Verzweiflung! Meine Kameraden führten mich zu den Ärzten, die mir den Trost gaben, mein Übel würde sich mit der Zeit von selbst beheben, ich solle nur viel spazieren gehen.

Nach ungefähr 14 Tagen traf mich ein neues Übel. Ich verlor auch das Gehör und bekam von den Ärzten denselben Trost und denselben Rat. Nach einigen Wochen erhielt ich auch wirklich zu meinem größten Entzücken das Augenlicht allmählich wieder; aber mein Gehör wollte sich noch nicht wieder einstellen und ich musste noch lange Geduld haben, ehe ich mich dessen wieder erfreuen konnte.

Mit der wiederkehrenden Lebenskraft meldete sich ein stärkerer Appetit und ich nun war gezwungen, mein letztes Goldstück wechseln zu lassen, um den Hunger zu stillen. Als aber auch dieses Geld zu Ende war und ich bloß von dem leben musste, was ich aus dem Magazin fasste, da erreichte mein Elend wieder einen hohen Grad.

Zu dem peinigenden Hunger gesellte sich noch der üble Zustand meiner Kleider, die anfingen mir in Lumpen vom Leibe zu fallen. Wie wäre es auch anders möglich gewesen? Seit meinem Ausmarsch aus Nürnberg hatte ich kein Stück Montur mehr gefasst und die Hemden, die ich zu Kopylnik erhalten hatte, waren mir bei der Gefangennahme angenommen worden.

Mein körperlicher Zustand war nicht besser als der meiner Kleider. Mein Gesicht war mit einem dichten Bart bewachsen, worin das Ungeziefer sein Unwesen trieb. Mit meinen Nägeln hatte ich mir die Haut überall zerkratzt, so dass ich selbst im Gesicht ganz wund und blutrünstig war.

So schleppten wir uns alle wie lebendige Bilder des Jammers und des Elends herum. Dieses Elend lichtete auch unsere Reihen mit großer Schnelligkeit und täglich wurden 10 bis 15 Toten von den Bauern auf kleinen Wägelchen in die Wälder gefahren.

Einst trieb uns die Neugier nachzuspähen, wohin unsere verschiedenen Leidensgefährten wohl gebracht würden. Wir folgten von Ferne dem Wagen und waren nicht wenig entsetzt, als wir auf einem freien Platz tief im Walde einen hohen Haufen von Toten erblickten, die alle nackt ausgezogen waren.

Ein Schauder erregender Anblick! Alle, die den Winter über gestorben waren, lagen hier unbedeckt und wurden erst im kommenden Frühjahr in große Gruben geworfen und nur so notdürftig mit Erde beworfen, dass die Ellenbogen, Hirnschalen und Knie oft noch aus der Erde hervorragten.

Die unglückliche Lage, in der wir uns befanden, besonders diese elende Kraft, brachte einen Polen auf den Gedanken, zu fliehen. Er beredete sich mit einem seiner Landsleute über die Art und Weise, wie die Flucht auszuführen wäre. Dann zogen sie mich, einen Sachsen und einen aus der Gegend von Wesel gebürtigen französischen Kriegsgefangenen ins Vertrauen.

"Wir kennen", sagten sie, "eine russische Bauersfrau, eine Witwe, die uns bei der Flucht behilflich sein wird. Wir haben ihr weisgemacht, wir seien die Söhne reicher Leute in Warschau und unsere Eltern würden sie für ihre ganze Lebenszeit mit Geld und Gut versehen, wenn sie uns wohlbehalten nach Warschau brächte. Sie ist bereit unsere Führerin zu sein. Wir wollen uns eines Abends wegschleichen, die Nächte durchmarschieren und uns am Tage versteckt halten, das Weib immer voraus auf Kundschaft und um Lebensmittel ausschicken und so mit Gottes Hilfe Warschau erreichen. Sind wir erst dort, so können wir uns leicht selbst weiterhelfen."

Diese Vorspiegelung, so abenteuerlich sie war, fand Gehör bei uns; denn das Bild der Freiheit lockte uns. Unser Elend war so groß, dass wir uns nicht fürchteten, es durch dieses Wagnis zu vergrößern. Wir fassten also den unsinnigen Entschluss, eine so ungeheure Strecke zu Fuß zurückzulegen.

Eines Abends, es war noch im März, wenn ich nicht irre, machten wir uns wirklich auf den Weg. Wir nahmen die Richtung nach Borysow. Von dort aus würden wir nach der Äußerung des Weibes leichter weiterkommen.

Zwei Nächte waren wir so fortmarschiert und zwei Tage hatten wir uns versteckt gehalten, als wir am dritten Abend am Saum eines Waldes nicht weit von Borysow anhielten. Da wir wussten, dass dort Militär lag, so wurde beschlossen, dass wir Deutsche hier zurückbleiben sollten; die Polen aber, da sie der Sprache kundig und durch ihre grauen Kittel weniger kenntlich waren, sollten mit dem Weib vorausgehen und erst ausspähen, wo wir uns am sichersten hinzuwenden hätten. Dann sollte uns das Weib abholen.

Wir trennten uns also; aber wir sahen das Weib nie wieder. Wir warteten und warteten und verloren endlich die Geduld. Nach ein paar Stunden entschlossen wir uns, in derselben Richtung vorwärts zu gehen. Wir traten aus dem Wald. Aber als wir uns schon Borysow näherten sahen wir fern im Dunkeln etwas auf uns zukommen. Wie erschraken wir, als wir erkannten, dass es ein Kosak war. Er ritt an uns heran und fragte, ob wir Franzosen seien.

"Wir sind Deutsche", sagten wir.

Darauf befahl er uns, ihm zu folgen und trieb uns nach Borysow in eine Wachtstube, wo wir die Nacht in großer Herzensangst zubrachten. Am anderen Morgen führte man uns vor den Kommandanten.

"Wer seid Ihr?", fragte dieser in deutscher Sprache.

"Wir sind Deutsche", sagten wir.

"Wo kommt Ihr her?"

"Von Kalobinitz."

"Warum seid Ihr hier?"

"Ach", sagte ich, "wir wollen es gerne gestehen; wir wurden in Kalobinitz so übel behandelt worden, dass wir nur diesem Elend entgehen wollten."

"Ihr wolltet also desertieren", sagte er. "Ihr wolltet wieder zu Eurem Napoleon zurückkehren, um aufs Neue auf uns loszuschlagen? Ich werde jedem von Euch fünfzig Kantschuhiebe geben lassen."

"Ach", sagte ich, "wir sind so elend, dass wir diese Strafe nicht aushalten würden. Seien Sie barmherzig und erlassen Sie uns doch diese Marter."

"Gut", sagte er, "weil Ihr Deutsche seid, so will ich Euch verzeihen. Nehmt Euch aber in Acht; denn fallt Ihr mir hier zum zweiten Mal auf diese Art in die Hände, dann wehe Euch!"

Er rief nun einen Kosaken und gab ihm Befehl, uns wieder zurück nach Kalobinitz zu transportieren. So traten wir, ohne eine Strafe, aber auch ohne die mindeste Labung erhalten zu haben, den Rückweg an. Groß war unsere Angst, wie uns der Kommissär aufnehmen würde.

Die beiden Polen und das Weib sahen wir nicht mehr und erst später, als wir ausgewechselt wurden, erfuhr ich auf dem Rückweg, dass die drei zwar glücklich bis Warschau gekommen, dort aber aufgefangen worden waren.

Als wir nach zwei- oder dreitägigen Marsch wieder in Kalobinitz anlangten, befand sich eben der Kommissär vor den Magazin, um die Kost zu verteilen. Er erblickte uns von Weitem, bemerkte gleich den Zusammenhang und drohte uns mit dem Finger. Als wir herangekommen waren, rief er auf Deutsch, denn er konnte alle Sprachen und redete mit jedem Gefangenen in dessen Landessprache: "Ihr wolltet entlaufen, Ihr Schelme! Ich werde Euch tüchtig karbatschen lassen."

Wir stellten ihm unseren Jammer vor und baten um die Erlassung der Strafe. Es war ihm aber ohnehin nicht Ernst damit gewesen. Er ermahnte uns, wie der Kommandant von Borysow, künftig klüger zu sein und reichte uns unsere Portion Brot und Grütze. Wer war froher als wir? Wir konnten von Glück sagen, unter so barbarischen Menschen, die uns oft ganz unschuldig misshandelten, bei einem wirklichen Vergehen mit dem Schrecken davongekommen zu sein.

Ich kehrte wieder zu meinen biederen Württembergern zurück, die mich wie einen Bruder aufnahmen. Unsere Beschäftigung war wieder wie sonst, spazieren gehen und uns vom Ungeziefer zu reinigen. Durch die ganze Stufenleiter des Elends war ich gegangen; nur etwas fehlte noch: der Aussatz. Auch dieser stellte sich nun bei mir ein. Zwar war er nicht von gefährlicher Art, doch neben den anderen Plagen durch Wanzen, Schaben und Läuse eine sehr unwillkommene Steigerung des Elends.

5. Bei guten Menschen

Es war am Anfang des Sommers, als der Befehl kam, uns nach Tschernigow zu transportieren. Am Tage unseres Abmarsches äußerte der Kommissär, wir könnten von Glück sagen, dass wir noch lebten; denn von 5.000 Gefangenen, die hier gewesen waren, seien nur noch 180 übrig und unter diesen etwa 18 - 20 Offiziere. Nun war uns der ungeheure Haufen von Toten, die wir im Walde gesehen hatten, begreiflich.

Unser Zug bestand aus Angehörigen aller möglichen Nationen: Italienern, Franzosen, Deutschen aller Länder, Polen, Schweizern, Portugiesen, Dalmatiern usw.; auch zwei Österreicher waren dabei. Wir wurden nun unter dem Kommando eines Kommissärs von zwanzig Kreuzbauern begleitet, die mit sechs Fuß langen jungen Bäumen bewaffnet waren, deren Wurzeln sie zu einem Knollen zugestutzt hatten. Sie kamen mir mit ihren langen Bärten und den Knütteln fast wie der heilige Christophorus vor.

Einen ganzen Monat brachten wir auf diesem Marsch zu. Wir gingen manchen Tag von Sonnenaufgang bis Sonnenuntergang ohne ein Haus anzutreffen, weshalb uns die Lebensmittel nachgefahren wurden. Mein Ausschlag nahm so überhand und das dadurch verursachte Kratzen mit meinen scharfen Nägeln wurde so heftig, dass sich eine Kruste über meinen ganzen Körper verbreitete. Das Hemd, immer noch dasselbe, in dem ich Nürnberg verlassen hatte, klebte mir am Leibe und ich bekam eine solche Lazarusgestalt, dass man sich endlich meiner erbarmte und mich auf einen Wagen legte. Dies war eine große Erleichterung in meinem Zustand.

Eines Tages entstand zwischen dem Kommissär und einem gefangenen französischen Major, namens Fournier, der Lebensmittel wegen ein heftiger Streit, der beinahe einen tragischen Ausgang genommen hätte. Der Kommissär beging nämlich bei der Verabreichung der Portionen allerhand Unterschleife und Betrügereien, deren Opfer besonders wir arme Gefangenen waren. Der Major widersetzte sich dem Kommissär, indem er die guten Sachen der Gefangenen führte. Der Kommissär rechtfertigte sich auf russische Weise, indem er den Major ins Gesicht schlug. Dieser versetzte dem Russen nun auf französische Weise mit dem spanischen Rohr einen Fechthieb über den Kopf, dass gleich das Blut floss, und Gott weiß, wie der Kampf geendet hätte, wenn nicht die anderen gefangenen Offiziere dazwischen getreten wären. Wir würden den Major nicht im Stich gelassen haben und so schwach und abgemagert wir auch waren, so würden wir doch mit dem Kommissär und seinen zwanzig Invaliden, die gar keine Kampflust zeigten, bald fertig geworden sein. Doch so war es besser; denn wenn wir sie auch alle erschlagen hätten, was hätte es uns genützt? Entfliehen konnten wir nicht aus einem Lande, das auf 500 Stunden in der Runde ein einziges Gefängnis war.

Durch die Vermittlung der Offiziere wurde der Austrag des Handels bis zu unserer Ankunft in Tschernigow vertagt, wo die Sache dem Gouverneur vorgetragen werden sollte. Dies geschah, sobald wir dort angekommen und dem Gouverneur vorgestellt worden waren. Seine Entscheidung beweist hinlänglich, wie strafbar der Kommissär war. Beide bekamen Unrecht und wurden verurteilt, die wechselseitig ausgeteilten und empfangenen Schläge ohne Genugtuung einzustecken.

Ich wurde meines Ausschlags wegen sogleich in das Spital gebracht. Hier lagen Kranke aller Nationen. Der Spitalarzt war ein geborener Österreicher und stand in russischen Diensten.

Dieses Spital war für mich, der soviel erlitten hatte, ein wahres Paradies. Die Kranken wurden behandelt, genährt und gepflegt, als wären sie in Deutschland. Es fehlte nicht an Medikamenten für die, welche deren bedurften, nicht an guter Kost für die Genesenden. Wir lagen alle auf Matratzen und diejenigen, deren Gesundheitszustand es erlaubte, bekamen jeden Morgen eine gute Suppe, zu Mittag Fleisch, Gemüse und ein Pfund Brot und abends wieder Suppe. Unter diesen Glücklichen war auch ich. Hier fühlte ich mich wieder als ein Mensch unter Menschen. Da ich nicht mehr so sehr mit körperlichem Elend zu kämpfen hatte, so erwachte der Schmerz meiner Seele desto stärker. Ich gedachte meiner Walpurga und meine Tränen flossen oft um sie.

Nach ungefähr vierzehn Tagen guter Pflege fühlte ich mich so gestärkt, dass ich dem Drang nicht widerstehen konnte, mich ein wenig in der Stadt umzusehen. Auch lockte mich die schöne Witterung hinaus. Es war, wenn ich mich nicht irre, im Juni und die Sonne schien warm. Den Kranken war es zwar verboten auszugehen und eine Schildwache, welche die Weisung hatte keinen Kranken hinauszulassen, stand deswegen an dem Tor. Allein das Verbot wurde häufig übertreten, was um so leichter war, als man uns die Kleider gelassen hatte.

Die Kranken bekamen viele Besuche aus der Stadt von ihren Kameraden. Mit diesem schlich so mancher hinaus, indem er tat, als sei er zum Besuche da gewesen. Diese Schildwachen, lauter Kreuzbauern, konnten die Kranken von den Gesunden nicht unterscheiden und glaubten jedem aufs Wort, dass er in der Stadt im Quartier liege. Die Krankenwärter waren aus den Gefangenen selbst gewählt und verrieten uns nicht. Der Arzt kam des Tags einmal, immer morgens und konnte so nichts bemerken.

So schlich ich mich fast alle zwei Tage hinaus und badete mich ohne Wissen des Arztes in der Desna, in der Meinung, dies müsse mir bei meinem Ausschlag sehr heilsam sein. Mit der Seife, die ich im Spital erhielt, seifte ich mein Hemd über und über ein und träufelte den Schaum über meinen wunden Körper, ungeachtet der unsäglichen Schmerzen, die mir diese scharfe Lauge verursachte; denn ich wünschte mir eine schnelle Heilung. Dann wusch ich das Hemd rein und legte es auf den Rasen, wo es trocknete, während ich selbst in den Fluss stieg, um das Seifenwasser wieder aus meinen Wunden weg zu baden.

Oft setzte ich mich nach diesem Bade auf den Rasen und während mein Hemd in der Sonnenhitze trocknete, stellte ich schwermütige Betrachtungen über meine traurige Lage an. So weit von meiner Heimat unter fremden, feindlich gesinnten Völkern, ohne Gesundheit, ohne Kleider, ohne Geld, aller Hilfsmittel entblößt - was sollte nur aus mir werden? Ein Strom von Tränen schloss immer diese Selbstgespräche und erleichterte mein Herz. Für gewöhnlich folgte dann der tiefsten Betrübnis eine unwiderstehliche Lustigkeit, die sich durch Trällern, Pfeifen und Singen Luft machte. Ich fühlte, dass durch die ausgestandenen Leiden, besonders durch den zwölf Stunden langen Marsch ohne Kopfbedeckung bei schrecklicher Kälte die Nerven meines Gehirns angegriffen und mein Geist geschwächt worden waren. Daher die kindische Launenhaftigkeit, mit der ich von einem Extrem ins andere fiel. Diese Wirkung der Kälte äußerte sich bei Anderen in noch viel höherem Grade und so Mancher wurde völlig wahnsinnig.

Das gewaltsame Heilungsverfahren durch die Seifenschärfe verfehlte seine Wirkung nicht, so dass der Arzt nicht begreifen konnte, wie ich so schnell von dem Aussatz genas. Schon nach fünf Wochen wurde ich als gesund aus dem Spital entlassen. Jetzt erst bekannte ich dem Arzt, wie ich seine Heilmethode unterstützt hatte. Er war sehr betroffen darüber und sagte, ich hätte mir dadurch großen Schaden getan. Durch das zu frühe Baden und die Anwendung der Seife sei ohne Zweifel der Krankheitsstoff, den die Natur durch den Ausschlag ausstoßen wollte, wieder in den Körper zurückgetreten und ich würde die schlimmen Folgen davon früher oder später fühlen.

Dieser brave Mann hatte Recht; denn schon im Jahre 1818 zeigten sich verschiedene Übel. Sie sind trotz der Mühe vieler Ärzte noch nicht ganz behoben.

Der Arzt, der eine Vorliebe für die Deutschen hatte und besonders mir sehr gewogen war, machte mir nun einen Vorschlag, der meinem Schicksal eine günstigere Wendung gab.

"Wie wäre es", sagte er, "wenn Sie Arbeit nähmen? Sie haben zwar den Rang eines Sergeanten, sind aber jetzt Gefangener, von allem entblößt, können Ihren Körper kaum bedecken, Ihren Hunger kaum stillen; denn die 15 Kopeken täglich, die Sie vom Kaiser erhalten, reichen nicht zu Ihrem Unterhalt hin und Gott weiß, wie lange Ihre Gefangenschaft noch dauern wird. Ich habe einen Platz für Sie und Ihren Kameraden, er deutete dabei auf den Kanonier Mühlboltner, ausgesucht. Wenn Sie auf mein Anerbieten eingehen, so sind Sie versorgt."

Wer war froher als ich! Ich dankte ihm herzlich für dieses wohltätige Entgegenkommen und bat ihn, uns je eher desto lieber unterzubringen. Auf seine Weisung hin gingen wir zum Kapitän der Polizei, bei dem wir uns gesund meldeten. Tags darauf, früh um 08.00 Uhr, begaben wir uns in die vom Arzt bezeichnete Apotheke, wo wir Arbeit bekommen sollten. Wir fanden den braven Mann schon da. Er stellte uns dem Apotheker als die beiden Bayern vor, die er ihm empfohlen habe.

Den Namen des Apothekers habe ich nun freilich vergessen; aber seine Wohltaten, sein edles Herz, seine Biederkeit werde ich nie vergessen. Er war ein Deutscher von Geburt und - wenn ich nicht irre - aus Hamburg. Seine Gestalt war untersetzt, sein Gesicht voll und etwas blatternarbig. Auf einem Fuße war er lahm, weshalb er eine Krücke und einen Stock trug. Er war unverheiratet. In seinem Hause genoss ich die ersten guten Tage seit meiner Gefangennahme.

Ich erhielt täglich an Lohn 30 Kopeken. An Essen und Trinken fehlte es auch nicht. Wir bekamen mehr als wir brauchten. Unser gewöhnlicher Trank außer dem Schnaps war Quaß, der ungefähr so schmeckt wie schlechtes Weizenbier.

Auf meine Bitte legte der Apotheker meinen Arbeitslohn zurück, damit ich mir später Kleider anschaffen könne. Mein gutes Betragen, mein Eifer, meine Pünktlichkeit erwarben mir bald die volle Zufriedenheit meines Herrn. Er vertraute mir auch die Schlüssel zu allen seinen Zimmern an, ja er schlug mir vor, mich gänzlich hier einzubürgern und bei ihm als Hausmeister zu bleiben, wodurch ich lebenslang versorgt sei. Er wollte einen förmlichen Vertrag mit mir beim Gouverneur abschließen.

Natürlich lehnte ich das Ansinnen, obwohl es gut gemeint war, entschieden ab; denn ich vergaß meine Pflicht als bayerischer Untertan und Soldat nie und nährte so die süße Hoffnung, vielleicht doch einst aus dem Lande der Barbarei erlöst zu werden. Mein Herr hoffte immer, ich würde mich vielleicht doch noch entschließen bei ihm zu bleiben und brachte die Angelegenheit noch oft zur Sprache.

Eines Tages trat er mit einem gefangenen württembergischen Stabsarzt ins Laboratorium. Er wies auf mich und sagte dabei zu dem Arzt: "Sehen Sie, mein Herr; diesen braven Bayer möcht' ich gern bei mir behalten. Ich würde ihn gut versorgen, ihm eine brave Frau verschaffen und alles beim Gouvernement für ihn tun - aber er verkennt sein Glück und will nicht bleiben."

"Nein, lieber Herr", sagte ich nun, "und wenn mir der Kaiser ganz Tschernigow samt Allem, was dazu gehört, schenken wollte, so bliebe ich doch nicht. Mein Herr ist der König von Bayern und ich kann nur in meinem Vaterlande glücklich sein."

Da sagte der Stabsarzt zum Apotheker: "Das ist eben ein Deutscher; der kann es in Eurem schrecklichen Lande nicht aushalten. Er hat ja Recht. Lassen Sie ihn."

Als ich das Nötigste zu meiner Ausstaffierung erspart hatte, kleidete ich mich neu vom Kopf bis zu den Füßen und warf meine Lumpen samt ihren Bewohnern ins Feuer. Nun erst war mir wohl. Ich war ausstaffiert wie ein russischer Edelmann, besaß sogar ganz neue Hemden, wovon das eine ein Geschenk meines Herrn war und konnte nun in der Scheune, wo sich meine Schlafstelle befand, die ganze Nacht unbelästigt ruhen. Nur wer mein vorheriges Elend erfahren hatte, kann mein jetziges Glück fühlen. Ich trieb den Luxus so weit, dass ich sogar Schnupftücher benutzte.

Hier in Tschernigow bekamen wir die Erlaubnis nach der Heimat zu schreiben. Diese Briefe mussten beim Kapitän der Polizei offen eingereicht werden. Dieser sandte sie nach Petersburg, wo sie von der Polizeibehörde durchgesehen, versiegelt und an ihre Adresse abgeschickt wurden.

Ich schrieb drei Briefe, die alle auch ihren Bestimmungsort erreichten. Freilich waren sie sehr vorsichtig abgefasst; denn alles was Anstoß hätte erregen können, überging ich. Einen dieser Briefe, der nach Nürnberg an die Abendgesellschaft beim Wirt Horn adressiert war, veranlasste ein komisches Missverständnis. Ich hatte nämlich berichtet, dass wir Gefangene drei Pietaken[14] zu unserem Unterhalt bekämen. Da aber meine Handschrift etwas undeutlich war, so lasen meine Freunde Potaken, so heißen in der Nürnberger Mundart die Kartoffeln und so konnten sie nicht begreifen, wie man von drei Kartoffeln einen ganzen Tag leben könne. Erst später klärte sich das Missverständnis auf.

Auch in der glücklichen Lage, in der ich mich jetzt befand, verließen mich die Nachwehen des ausgestandenen Elends nicht. Ich weinte oft, ohne mir über den Grund Rechenschaft geben zu können. Das Heimweh ergriff mich so heftig, dass ich alles um mich herum verwünschte und gleich fort wollte. Mein Herr fragte mich mit Besorgnis, ob mir irgend jemand ein Leid zufüge.

"Nein", sagte ich, "aber ich kann es nicht länger aushalten. Mein Herz zerspringt, mein Kopf wird verwirrt."

Der Apotheker, der wohl merken mochte, woher diese Launenhaftigkeit rührte, ließ so mich ruhig austoben und blieb in seinem ganzen Verhalten gegen mich der Alte.

Nach ungefähr zweieinhalb Monaten trat unser Provisor, ein Kurländer von Geburt, als Kosakenoffizier in Militärdienst und rückte aus. Zu seinem Nachfolger nahm mein Herr einen gefangenen holländischen Offizier, der ebenfalls ein gelernter Apotheker war. Dieser war ein kalter, unfreundlicher Mann, der keine Nachsicht mit meinem Gemütszustande hatte. Er schlug mir gegenüber einen gebieterischen Ton an, den ich bei der Reizbarkeit meiner Nerven nicht vertragen konnte. Der Reibungen müde, die ich mit ihm hatte, entschloss ich mich kurz und begehrte meinen Abschied. Der Apotheker, der wohl sehen mochte, dass ich gemütskrank war, suchte mich durch Zureden auf andere Gedanken zu bringen; doch umsonst. Ich dankte ihm herzlich für seine Wohltaten und seine gute Meinung, bestand aber auf meinem Entschluss. Ungern nur entließ mich der brave Mann und

---

[14] 1 Pietak - 1 Fünfkopeken-Stück

stellte mir frei, zu ihm zurückzukehren, sobald es mir gefalle. Der Kanonier Mühlboltner, der mit mir in seine Dienste getreten war, blieb bei ihm bis zu unserer Auswechslung. Ich schied, meldete mich bei dem Kapitän der Polizei und wurde bei einem Juden einquartiert. Doch bald fand sich ein neues Unterkommen für mich.

Zwei Gefangene, ein Holländer und ein Brabanter, beide gelernte Sattler, arbeiteten für die Edelleute der Stadt und der Umgebung, sie richteten deren Wagen nach deutscher und französischer Art ein und wurden gut dafür bezahlt. Diese beiden Sattler machten mir den Antrag, zu ihnen zu gehen und gegen Speise und Trank die Haus- und Küchengeschäfte zu besorgen, damit sie ohne Zeitversäumnis ihrem Handwerk obliegen könnten. Ich nahm den Vorschlag an. Nun machte ich wie eine Hausmagd die Stube rein, ging auf den Markt und besorgte die Küche. Für 20 bis 30 Kopeken täglich hatten wir für Mittag und Abend vollauf zu Essen; denn das Pfund Rindfleisch kostete nur fünf Kopeken, nach bayerischem Gelde zehn Pfennig und ein Laib Brot ebenso viel.

In meinen Mußestunden erlernte ich einiges vom Sattlerhandwerk, nähte Riemen zusammen usw. Zuweilen nahmen mich die beiden Sattler mit aufs Land, gaben mich bei dem Edelmann, wo sie Arbeit bekommen hatten, für einen ihrer Zunft aus und verschafften mir so den gleichen Tagelohn, den auch sie bezogen.

Eines Tages erhielten sämtliche Gefangene den Befehl, sich bei dem Gouverneur einzufinden. Wir wurden in Reih und Glied aufgestellt und einer nach dem anderen vorgerufen. Es fiel mir auf, dass keiner der bereits Aufgerufenen wieder zurückkam. Die Reihe traf nun mich. Zu meiner Verwunderung stand ich vor einer Kommission, die unter dem Vorsitz des Gouverneurs versammelt war.

Einer der Offiziere redete mich in deutscher Sprache folgendermaßen an: „Sie heißen Joseph Schrafel und sind Sergeant in bayerischen Diensten."

Als ich bejaht hatte, fuhr er fort: „Sie nehmen also auch russische Dienste?"

Ich erschrak ein wenig. „Davon weiß ich nichts," erwiderte ich entschieden.

Aber der Beamte sagte: „Ihr Kamerad, der vor Ihnen eingetreten und ebenfalls in unseren Dienst übergegangen ist, hat uns gesagt, Sie wollten russische Dienste nehmen."

„Dies war nie meine Absicht", erklärte ich hierauf, „auch habe ich nie einem Menschen Auftrag gegeben, das von mir zu sagen. Ich habe meinem König und Vaterlande die Treue geschworen und werde sie halten."

Hierauf sprachen die Herren in russischer Sprache miteinander und da sie an meinem Tone wohl merken mochten, dass ich mich auf keine Weise überreden lassen würde, wiesen sie auf eine andere Tür, durch die ich abtreten sollte. Als ich im Begriff war dem Wink zu folgen, rief mir der Wortführer nach: „Man wird Euch Starrköpfen schon kirre machen. Ihr werdet noch froh sein in unsere Dienste zu treten; denn man wird Euch nach Sibirien transportieren."

„In Gottes Namen", entgegnete ich, „ich bin in Feindesland und muss mir Alles gefallen lassen; aber von meiner Pflicht weiche ich um kein Haar."

Damit trat ich ab.

Vor der Tür empfing mich ein Soldat und führte mich durch den Garten ins Freie. Nun begriff ich, warum man keinen von uns auf dem nämlichen Wege zurückkehren ließ. Man fürchtete, das hinterlistige Verfahren könnte zu früh an den Tag kommen.

Zu meiner Freude erfuhr ich später, dass kein einziger von uns allen russische Dienste genommen hatte. Die Szenen der Barbarei, von denen wir Gefangene oft genug Zeuge waren, wenn wir das russische Militär exerzieren sahen, waren eben nicht geeignet uns Lust zum russischen Dienste einzuflößen, selbst wenn unsere Pflicht und unser Vaterland vergessen hätten. Mitten in der Stadt war der Exerzierplatz und nur zu oft wurde er zum Schauplatz unmenschlicher Exekutionen. Ja, man konnte das Exerzieren selbst für eine Art Exekution halten, wenn man sah, mit welcher Rohheit die Mannschaft behandelt wurde.

Besonders die Franzosen konnten sich nicht an den Anblick dieser Misshandlungen gewöhnen. Ihr reizbares Ehrgefühl und ihre natürliche Heftigkeit sprudelte über. Als eines Tages ein Kapitän einem Leutnant während des Marschierens von rückwärts einen so heftigen Faustschlag ins Genick versetzte, dass ihm die Kappe vom Kopfe fiel, wurden einige gefangene Franzosen so wütend, dass sie laut zu schimpften anfingen und sich nicht zufrieden geben wollten. Ich wundere mich noch heute, dass diese Szene nicht einen tragischen Ausgang für die Franzosen nahm; denn es war unmöglich, dass der Kapitän sie nicht hörte und wenn er auch ihre Sprache nicht verstand, so konnte er ihren Gebärden wohl entnehmen, wovon die Rede war. Vielleicht bestimmt ihn ein Rest von Schamgefühl zu tun, als hätte er nichts bemerkt.

Ich war wieder zu den beiden Sattlern zurückgekehrt. Nach und nach lernte ich meinen Quartierort besser kennen und dass er zu den besseren Städten Russlands gehörte. Er zählte etwa 8.000 bis 10.000 Einwohner, war aber so weitläufig gebaut, dass er wohl dreimal soviel hätte fassen können. Es residierte hier außer dem Gouverneur auch ein griechischer Bischof. Die griechische Kirche ist eine der schönsten, die ich sah und ist mit unzähligen Heiligenbildern verziert.

Auch Schulen hat diese Stadt, aber leider kein Pflaster, so dass man bei nasser Witterung kaum durch den Straßenkot waten konnte. Der Gouverneur galt allgemein als ein sehr rechtlicher Mann und dieser Umstand war für uns arme Gefangene von großer Wichtigkeit. Wir erhielten nicht nur pünktlich und ungekürzt, was uns der Kaiser Alexander I. ausgesetzt hatte, sondern wir führten, dank der Milde des Gouverneurs, auch ein ziemlich freies Leben. Die gefangenen Offiziere waren hier auch nicht übel dran. Sie hatten Zutritt zu vornehmen Familien und waren überall wohl gelitten, besonders die Franzosen, sowohl ihrer Sprache wegen, die bei den höheren Ständen sehr beliebt ist, als auch wegen ihrer Leichtigkeit und Gewandtheit im geselligen Umgang. Ich hatte mehrmals die Ehre von den Offizieren zum Mittagstisch eingeladen zu werden; besonders der bayerische Unterarzt Stöhr zeigte in dieser Beziehung viel Güte für mich.

Auch wir Unteroffiziere und Soldaten feierten des Sonntags fröhliche Trinkgelage, freilich nur mit Schnaps, den wir aber wie Wasser trinken konnten, da das

Klima dies nicht nur erlaubte, sondern sogar erheischt. Wir tranken auf die Gesundheit des Königs aus vollen Gläsern und mit vollem Herzen und vergaßen unsere Lage.

Eines Tages veranstalteten die Franzosen ein Gelage zu Ehren des Kaisers Napoleon, bei dem wir auf den großen Heerführer ein lautes Hoch ausbrachten. Dies hätte uns teuer zu stehen kommen können. Es wurde dem Gouverneur gemeldet und jeder andere hätte uns auf das Grausamste bestrafen lassen. So aber kamen wir mit der Warnung davon, uns dergleichen nicht wieder zu unterstehen, wenn wir nicht mit dem Kantschu büßen wollten.

6. Heimkehr

Es war nun wieder Winter geworden und es mochte wohl November sein, als uns die langersehnte Stunde der Erlösung schlug. Die preußischen und portugiesischen Gefangenen waren schon früher ausgewechselt worden und durch die Zeitungen erhielten wir immer bestimmter die Nachricht, dass auch eine baldige Auswechslung der Bayern erfolgen werde. Durch unsere Offiziere erfuhren wir Verschiedenes über unseren großen Heerführer Napoleon. Sein Unglück ging uns sehr zu Herzen.

Als ich eines Tages bei dem Kapitän der Polizei meine Löhnung holte, ließ er mir durch einen Juden, der Dolmetscher war, sagen, ich solle mich freuen; die Bayern würden nach Hause geschickt und hätten nur so lange zu warten, bis die Monturstücke fertig seien, die der Kaiser Alexander für sie zu machen befohlen habe.

Unsere Freude wurde nur durch die Gewissheit von dem Verlust der Schlacht bei Leipzig und dem nur sehr wahrscheinlichen Sturze Napoleons gedämpft. Kein Soldatenherz wird uns verübeln, dass wir an diesem großen Kriegshelden hingen und von ihm Ersatz für die unsäglichen Drangsale erhofften, die wir erduldet hatten.

Wir Bayern erhielten endlich unsere Monturstücke, bestehend aus einem Hemd, einer Hose, Stiefeln, Strümpfen oder wollenen Lappen, einem kurzen Pelz, einer Mütze und einem Mantel.

Am 23.Dezember 1813 verließen wir Tschernigow. Wir waren unser einunddreißig. Dabei sind die Offiziere nicht gerechnet, die immer zu zweien in Schlitten unter Begleitung eines russischen Kommissärs vorausgefahren wurden. Da ich der einzige Unteroffizier bei dem ganzen Transport war, so wurde mir die Führung der Soldaten anvertraut.

Wir hatten einen Weg von ungefähr fünfhundert Stunden zurückzulegen, weshalb ich alle überflüssigen Monturstücke an die Juden verkaufte und mich so leicht wie möglich machte. Wir marschierten täglich sechs bis acht Stunden. Nachdem wir viele kleine Ortschaften passiert hatten, kamen wir am 30.Dezember 1813 bei Kiew an, konnten aber nicht über den Dnjepr, da das Grundeis sehr stark strömte und weit und breit keine Brücke war. Der Fluss ist hier eine Viertelstunde breit.

Wir wurden in einem Dorfe unfern des Ufers einquartiert. Tags darauf wollten wir in Fähren über den Fluss; aber das Eis strömte noch stärker, so dass kein Schiffer zu fahren wagte. In der Nacht fror der Fluss endlich zu und nun marschierten wir am 01.Januar 1814 zu Fuß hinüber. Die Kälte war auf 35° gestiegen und fünf Mann erfroren auf dem Übergang Nasen, Ohren und Knie. Mir selbst erfror die Nase und das linke Ohr. Meine Kameraden machten mich darauf aufmerksam. Da rieb ich die erfrorenen Teile solange mit Schnee, bis das Blut rann. So kam ich mit einer hochgeschwollenen Nase und einem ebensolchen Ohr nach Kiew.

Hier wurden alle Soldaten in ein einziges Haus gelegt und bekamen dort Fleisch und Brot. Die Offiziere wurden bei einem Sekretär einquartiert. Sie waren so gütig, mich mit dahin zu nehmen. Als wir bei unserem Quartierwirt eintraten, lief er hastig auf seinen Degen zu, der im Winkel lehnte und steckte ihn an; dann holte er ein Wickelkind aus der Wiege, nahm es auf den Arm und so mit Kind und Degen versehen, schritt er schweigend im Zimmer auf und ab. Dieses Verhalten kam uns sehr spaßhaft vor. Wir wussten nicht, fürchtete er sich so vor uns oder wollte er uns imponieren. In jedem Fall waren Kind und Degen ein komisches Bündnis gegen den vermeintlichen Feind.

Wir lagen vier Tage da, während welcher Zeit der wunderliche Sekretär sich nicht bemüßigt sah, auch nur eine Silbe mit den Offizieren zu sprechen.

Von der Stadt Kiew kann ich nicht viel sagen, da ich sie nicht recht besehen konnte. Sie ist groß, weitläufig gebaut und wie Tschernigow ohne Pflaster. Sie wird durch eine Zitadelle beherrscht, die auf einer steilen Höhe dicht am Flusse liegt.

Am 05. setzten wir unseren Marsch fort. Von den vielen schlechten Ortschaften, wo wir das elende Lebend er Bauern in ihren Hütten sahen, will ich nur eine erwähnen. In ihr fand ich eine häusliche Einrichtung, die an Unsauberkeit und Elend alles übertraf, was ich bisher gesehen hatte. Gleich beim Eintritt empfing uns ein zerlumptes Weib mit einem Kind auf dem Arm, die beide vor Schmutz starrten und so schwarzbraungeräuchert waren, dass ich sie beinahe für Mohren hielt.

Der Tisch war aus dem Strunk einer Eiche geschnitten. Er hatte in der Mitte eine runde Höhlung, die als Schüssel diente. Das Weib wischte diese Mulde mit einem schmutzigen Lappen aus, schüttete, wie in einen Sautrog, Kartoffeln und Kraut hinein und wie Schweine mussten wir daraus essen. Das Brot selbst enthielt Erde und Sand, Unreinlichkeiten aller Art und lange Strohhalme. Der Soldat, der mit mir in diesem Hause einquartiert war, hieß Teufel und es hätte nichts gefehlt als dass ich Tod geheißen hätte, so hätten sich Tod, Teufel und Elend auf Erden zusammengefunden.

Am 05. hatten wir Kiew verlassen und am 14. kamen wir in dem Städtchen Schitomir (Zytomirz) an. Hier erhielt ich von dem russischen Kommissär, unserem Begleiter, 39 Papierrubel zur Verteilung an meine Mannschaft.

Am 17. kamen wir nach Polonne, den Sitz des alten Polenkönigs Poniatowsky, der dort auch begraben liegt.

Am 29. erreichten wir Radziwilow, eine Judenstadt an der Grenze des österreichischen Galiziens. Hier bemerkte ich bei einem Juden, bei dem ich ein Glas Schnaps trank, zwei Kannen, die ich an dem Nürnberger Wappen sogleich als Nürnberger Ware erkannte. Auf meine Frage, wie er zu diesen Kannen käme, die so weit her wären, antwortete der Jude, er habe sie durch Handel an sich gebracht.

Unsere Marschroute lautete zwar auf Lemberg; aber in Radziwilow erhielten wir den Befehl nach Warschau zu marschieren. Da uns in Tschernigow bei unserem Abmarsch einige Franzosen gesagt hatten, man würde uns nach Warschau transportieren und dort zwingen, russische Dienste zu nehmen, so schöpften wir Verdacht und die Offiziere trugen ihre Bedenken dem Kommandanten vor, der ein Deutscher war und von Hirsch hieß. Dieser versicherte auf sein Ehrenwort, unser König selbst habe den Gegenbefehl gegeben und wies den Offizieren ein Schreiben, von unserem verewigten König Max unterzeichnet, worauf wir uns beruhigten. Wir erhielten neuerdings Alles, was wir benötigten, unter anderem auch Leder zur Besohlung der Schuhe.

Nach acht Tagen brachen wir nun unter der Anführung eines neuen Kommissärs auf. Zu unserem Befremden wurden wir jetzt von zwanzig Kosaken und einem Unteroffizier eskortiert. Nun zweifelten wir nicht mehr, dass wir verraten seien und dass unsere Auswechslung nur eine hinterlistige Vorspiegelung gewesen sei. Darauf machten die Offiziere dem Kommandanten neuerlich ernste Vorstellungen. Dieser aber erklärte, die Eskorte sei notwendig, um uns überall Vorspann, Quartier und Lebensmittel zu verschaffen. Trotz dieses Grundes, mit dem es seine Richtigkeit hatte, waren wir doch nah daran ins österreichische Gebiet zu desertieren. Doch ergaben wir uns endlich in unser Schicksal und schlugen den Weg nach Warschau ein.

Die Kosaken wollten uns anfangs so wie früher behandeln; aber wir duldeten es nicht mehr, da wir uns nicht mehr als Gefangene betrachteten. Sie wurden auch bald vom Kommissär zurechtgewiesen und keiner erlaubte sich mehr die geringste Misshandlung.

So langten wir endlich am 02.März 1814 bei Praga an, passierten dort die zugefrorene Weichsel und rückten in Warschau ein. In diesem Teile der Stadt, der die Neue Welt heißt, lag der bayerische Oberst von Gumppenberg, der von München als Kommissär dahin beordert worden war. Ihm wurden wir nun vorgestellt. Hauptmann Engler vom 12.Linieninfanterie-Regiment, ein schon früher aus der russischen Gefangenschaft Zurückgekehrter, versah bei diesem Obersten die Adjutantenstelle. Er sagte uns, wir wären die letzten bayerischen Gefangenen, die aus Russland zurückkämen und gab uns die Gesamtzahl derselben auf achthundert an.

Wir erhielten hier nun eine dreimonatliche Löhnung in Gold, den Dukaten zu 5 fl. 52 Kr. gerechnet. Aber wir mussten froh sein vom Wechsler 5 fl. 20 Kr. zu bekommen. Auch Monturstücke, obwohl wir solche nicht benötigten, mussten wir

fassen; alle Soldaten vom Feldwebel abwärts einen Mantel, zwei Unterhosen, zwei Hemden, ein Paar Schuhe, ein paar Sohlen und eine Holzkappe.
Wir lagen vierzehn Tage in Warschau. Mein Quartier hatte ich bei dem Neffen des Nürnberger Hutmachers Marcks, der mir einen Brief an seinen Onkel mitgab. Ich traf in Warschau viele bayerische Offiziere, worunter auch einige von meinem Regiment waren, so die Hauptleute von Bacher und von Fabris und zu meinem sehr freudigen Erstaunen die Leutnants von Stromer und von Schnitzlein, die ich in Kobylnik, wo wir gefangen genommen wurden, im hoffnungslosesten Zustande zurückgelassen hatte.

Hier wurde die erste Kolonne von vierzig Mann unter dem Grafen Ysenburg errichtet, der das Kommando an den Hauptmann Maltherr übergab. Diese Kolonne, zu der auch ich zur Leistung des Feldwebeldienstes kommandiert wurde, trat am 14.März 1814 den Rückmarsch nach dem teuren Vaterlande an. Es wurden täglich sieben bis acht Stunden zurückgelegt.

Am 25. passierten wir nun die preußische Grenze. Wir kamen in die schlesische Stadt Wartenberg, die am 12. März 1812 abgebrannt war.

Am 27. erreichten wir Breslau, wo wir die Oder passierten.

Am 02.April kamen wir in das Sächsische nach Görlitz.

Am 07. erreichten wir Dresden, wo wir Rasttag hielten.

Am 09. rückten wir in Freiberg ein. Von da ging es über Chemnitz,Zwickau, Plauen, bis wir endlich am 13., als wir eben durch einen Wald marschierten, plötzlich das bayerische Wappen aufgerichtet sahen. Welch' ein Jubel für uns! Wir hatten endlich die Grenze des Vaterlandes erreicht, wir standen auf bayerischem Boden.

Ein unbeschreibliches Freudengeschrei erfüllte die Luft. "Es lebe unser König Max!", rief alles wie aus einem Munde. Dieser Ruf wurde unzählige Mal wiederholt. Auch der ganzen königlichen Familie brachten wir wieder und wieder das herzlichste Lebehoch. Die Offiziere, die uns vorausgeeilt waren, hatten in einem Grenzdorfe zur Feier unseres Eintritts ins Vaterland ein großes Mittagessen für uns bereiten lassen. Dass wir auch da des Königs und seiner Familie nicht vergaßen, lässt sich leicht denken.

In Hof wurden wir einquartiert. Am 14. kamen wir nach Münchberg, am 15. nach Bayreuth; am 16. war Rasttag. Während desselben lag ich in einer Mühle, wo ich mich der letzten ungebetenen Gäste in meinen Kleidern entledigte.

7. Wieder in Nürnberg

Am 17.April erreichten wir Pegnitz, am 18. Gräfenberg und endlich, endlich am 19. Nürnberg.

Wer kann die Gefühle beschreiben, die mich ergriffen, als ich die gute Stadt wieder sah, die ich vor zwei Jahren verlassen hatte und wo man mich längst mit vielen Tausenden meiner Unglücksgefährten tot glaubte! Wahrlich, der konnte sich einen Auserwählten nennen, der dem großen nordischen Grab entstiegen und zurückgekommen war unter seinen Landsleuten.

Mit klingendem Spiele, mit fliegenden Fahnen, gegen zweitausend Mann stark, unter der Begleitung einer zahllosen Menschenmenge, die Brust von frohen Hoffnungen geschwellt, waren wir alle ausmarschiert und einzeln, abgehärmt, halbinvalide kehrten einige wenige zurück, unerkannt und unbeachtet von den Bewohnern. Ich begegnete mehreren alten Bekannten, die mich ansahen und an mir gleichgültig vorübergingen, weil sie mich nicht erkannten.

Als ich die Stadt wieder betrat, erwachte das Andenken an meine Frau mit nie gekannter Stärke in mir und eine unbeschreibliche Sehnsucht und Wehmut befiel meine Seele. Diejenigen von uns, die nicht vom 5.Linieninfanterie-Regiment waren, wurden einquartiert; wir aber, die frühere Garnison von Nürnberg, wurden in die Kaserne gelegt.

Mein erster Gang war zur Frau Juwelier Jünginger, der ich vor meinem Ausmarsch einige Habseligkeiten in Verwahrung gegeben hatte. Ich war nun so verändert an Aussehen, sowohl an Kleidung, dass ich der Magd erst meinen Namen nennen musste, ehe sie mich einließ. Ich wurde herzlich aufgenommen und wiewohl ich lebend dastand, so fragte man mich, ob ich denn lebe.

"Ich lebe", erwiderte ich, "aber leider nur Halb; denn die andere Hälfte meines Seins, meine Gattin, ist tot und liegt in ferner fremder Erde begraben."

Sobald meine Freunde Kunde von meiner unverhofften Ankunft hatten, wurde ich überall mit der Herzlichkeit aufgenommen, welche die Bewohner Nürnbergs charakterisiert. Ich ging gleichsam von Hand zu Hand und man hörte die Erzählung meiner Leiden mit nimmermüder Geduld und mit einer Teilnahme an, die auf mein Herz heilend und wohltuend wirkte.

Das I.Bataillon meines Regiments stand nun in Frankreich. Es wurde nun ein zweites Bataillon errichtet in welches in als Feldwebel bei der 6. Füsilier-Kompanie unter dem Kommando des Hauptmanns von Fabris eintrat. Nach dem geschlossenen Frieden kam das I.Bataillon zurück und das Regiment stand nun vollzählig in Nürnberg.

Als Napoleon die Insel Elba verlassen hatte und wieder in Frankreich gelandet war, marschierte das Regiment eiligst nach Frankreich. Meine Erlebnisse in diesem Feldzug bieten natürlich nicht mehr das Interesse für den Leser wie jene in Russland. Ich will auch nur in aller Kürze anführen, dass die Drangsale hier nur ein Scherz, gleichsam ein Lustmanöver, gegen den russischen Feldzug waren.

Dennoch fühlte ich an meinem Körper deutlich genug die Folgen der erlittenen Misshandlungen und Entbehrungen in Russland und besonders der Biwaks unter freiem Himmel bei schrecklicher Kälte und peinigendem Hunger. Ich fühlte, dass ich mich der Invalidität vor der Zeit näherte und einige anstrengende Märsche, die wir machen mussten, bewiesen mir, dass ich schwächer und zum anhaltenden Marschieren untauglich geworden war. Auch die Temperatur der Luft wirkte weit stärker auf mich als sonst, besonders die Wärme, die mich sehr ermattete und in Schweiß versetzte.

Nach dem geschlossenen Frieden rückte das Regiment wieder in Nürnberg ein. Im August 1819 trat ich aus dem Militärdienst aus und wurde zum Rottmeister bei der Polizei ernannt.

Eines Tages erblickte ich auf dem Markte unfern der Frauenkirche einen Mann, der mir sehr bekannt erschien. Ich traute meinen Augen kaum, als ich die Züge meines Leidensgefährten, des Oberleutnant Baumgratz erkannte, den ich längst tot glaubte, der Zeuge des Todes meiner Frau war und der das schreckliche Elend in Dokszyce mit mir geteilt hatte.

Unser Wiedersehen war überraschend für uns beide. Wir tauschten die Erzählung unserer Schicksale und gegenwärtigen Lage aus.

"Ich habe das Glück gehabt", sagte er, "Seine Majestät, unseren König Ludwig, zu Brückenau zu sprechen; hab' ihm alle meine Erlebnisse in Russland erzählt und dabei Ihren Namen oft erwähnt. Seine Majestät hörte mich mit großem Erstaunen und herzlicher Teilnahme an."

Wir freuten uns beide innig, dass wir alles endlich glücklich überstanden hatten und fühlten uns durch die Teilnahme unseres guten Königs froh gestärkt.

Im November 1833 wurde ich pensioniert, da die erlittenen Drangsale meinen Körper dienstunfähig gemacht hatten. Seitdem lebe ich zufrieden mit meinem bescheidenen Lose in einer zweiten Ehe, immer das Andenken meiner edlen unvergesslichen Walpurga ehrend, in der guten Stadt Nürnberg, im Kreise meiner treuherzigen Mitbürger, denen ich diese Erzählung als einen Beweis meiner Hochachtung und Dankbarkeit freundlichst darbringe.

Joseph Schrafel lebte nach seiner Pensionierung noch 22 Jahre, bis er hoch im Alter von 71 Jahren und 6 Monaten am 20.Juni des Jahres 1856 in Nürnberg starb.

***

Anlagen zum Text

Bild 1

Bild 2

Bild 3

Texterklärung zu den Bildern

Bild 1: **Hautboist des Regiments *Preysing* im Jahre 1806**
Hautboisten tragen den Hut statt des Kasketts, an diesem die Schützen-
kompanien einen grünen Federbusch. Kragen und Aufschläge sind je nach
Knopffarbe mit silberner oder goldener Borte eingefasst. Diese Rockschö-
ße sind länger als bei den übrigen Mannschaften und Unteroffizieren.

Bild 2: **Soldat des Regiments *Preysing* im Jahre 1807**
Der hier gezeigte Tornister, der nach dem in der französischen Armee vor-
geschriebenen Muster gestaltet und getragen wurde, kam endgültig durch
Befehl vom 10.Januar 1808 zur Einführung. Den Mantel trug man zuerst
noch *"en bandoliere"* über die Schulter gelegt. Ab 1809 schnallte man ihn,
auf Tornisterbreite gerollt und an den Enden mit zwei Riemen zusammen-
geschnürt, mit einem Packriemen auf den Tornister.

Bild 3: **Hauptmann im Regiment *Preysing* des Jahres 1808**
Die blauen Hosen sind den Offizieren der Linien-Infanterie seit 27.Sep-
tember 1805 gestattet. Durch Armeebefehl vom 08.Februar 1808 werden
sie zur Felduniform befohlen.

Über den Künstler:

Johann Baptist Cantler wurde am 24.Mai 1822 in Neustadt/Saale geboren, studierte in Würzburg Rechts- und Staatswissenschaften und wird im
Jahre 1867 an das Landgericht Erding als Richter angestellt. Dort agiert er
bis 1895, im gleichen Jahr wird er Ehrenbürger von Erding und stirbt im
Jahre 1919.
Cantler war ein sehr eigensinniger Richter, wie viele Anekdoten bele-
gen und ein begnadeter Künstler.
Neben dem Werk „*Die Bayerische Armee 1800-1873*" hinterließ er
zahlreiche Figuren auf diversen Aktendeckeln, die nicht immer den An-
klang bei der damaligen juristischen Gemeinde fanden.

Kurze Geschichte des 5.Linien-Regiments

Aufstellung:

Errichtung am 01.Juli 1722 aus den abgegebenen Mannschaften der drei Bataillonen des churbayerischen Leib- und des Regiments *Maffei*. Es führte stets den Namen seiner Inhaber, veränderte aber 1789 seine Benennung in 9.Füsilier-, 1804 in 5.Linieninfanterie-Regiment.

Im Jahre 1815 wurde demselben das 17.Nationalfeld- und das II.Bataillon der im Jahre 1813 errichteten Legion des Rezatkreises einverleibt.

Inhaber:

01.07.1722	Marquis de Cano, Generalmajor;
05.11.1734	Heinrich Topor Graf Morawitzky, Generalleutnant;
1770	Carl Graf Daun, Generalleutnant;
01.08.1788	Clemens Freiherr von Weichs, Generalleutnant;
01.07.1792	Sigismund Graf Preysing, Generalleutnant und Statthalter von Ingolstadt;
ab 24.08.1811	vakant.

Feldzüge:

Außer den Feldzügen seiner Stammregimenter: 1738, 1739; 1741, 1742, 1743, 1744, 1745; 1757, 1758, 1759; 1793, 1794, 1975; 1800, 1805, 1806 und 1807, 1809, 1812, 1813, 1814 und 1815.

Schlachten und Belagerungen:

1738 Belagerung von Ratscha; 1739 Schlacht bei Krotzka und Banzowa; 1741 Einnahme von Passau und Prag; 1743 Schlacht bei Braunau; 1757 Einnahme von Schweidnitz und Breslau, Schlacht bei Leuthen; 1758 Einnahme von Troppau, Verteidigung von Ollmütz, Belagerung von Neisse; 1806 Belagerung von Glogau und Breslau; 1807 Belagerung von Briegg und Kosel; 1809 Schlachten von Abendsberg und Eggmühl, Einnahme von Regensburg; 1812 Schlacht von Poloczk; 1813 Verteidigung von Thorn, Schlachten von Bautzen, Jüterbock und Hanau; 1814 Schlachten von Brienne, Bar-sur-Aube und Arcis-sur-Aube.

Uniform:

Kragen und Aufschläge rosenrot, Knöpfe weiß

Inhaltsverzeichnis

Verlagswerbung

Im Fachverlag AMon - Alexander Monschau - sind bislang folgende Bücher erschienen, bzw. sind in der Vorbereitung:

AMon00001: Des Nürnberger Feldwebels Joseph Schrafel merkwürdige Schicksale im Kriege gegen Tirol 1809, im Feldzuge gegen Russland 1812 und in der Gefangenschaft 1812 - 1814. Von ihm selbst geschrieben.
Softcover, 19 Zeichnungen, 3 Farbtafeln, 100 Seiten   <u>11,95 €</u>

AMon00002: Förster Flecks Erzählung von seinen Schicksalen auf dem Zuge Napoleons nach Russland und von seiner Gefangenschaft 1812 - 1814.
Softcover, 2 Uniformseiten, 84 Seiten   <u>12,95 €</u>

AMon00003: Ein Waterlookämpfer. Erinnerungen eines Soldaten aus den Feldzügen der königlich deutschen Legion von Friedrich Lindau, ehemaliger Schütze des 2.leichten Bataillons, Inhaber der Guelphen-, der Waterloo- und der bronzenen Verdienstmedaille.
Softcover, 2 Uniformseiten, 112 Seiten   <u>12,95 €</u>

AMon00004: Als freiwilliger Jäger bei den Totenkopfhusaren. Siebzehn Jahre Leutnant im Husaren-Regiment Blücher. Erzählungen aus Kolberger Ruhmestagen, aus dem deutschen Befreiungskrieg, aus einer kleinen pommerschen Garnison und von der Grenzwacht gegen den polnischen Aufstand 1831.
Softcover, 2 Zeichnungen, 182 Seiten   <u>14,99 €</u>

AMon00005:   <u>In Vorbereitung</u>

AMon00006: Seltsame Schicksale eines alten preußischen Soldaten. Die höchst merkwürdige Lebensgeschichte des noch als Postmeister zu Ueckermünde im Königlich Preußischen Postdienst stehenden ehemaligen Premier-Lieutenants, zuletzt im 13.Infanterie-Regiment Friedrich Wilhelm Beeger.
Softcover, 1 Karte, 2 Uniformtafeln, 114 Seiten   <u>14,95 €</u>

AMon00007: Erlebnisse in dem Kriege gegen Russland im Jahre 1812 vom Landbereuter Franz Krollmann, damals Musiker beim 3.westfälischen Chasseur-Bataillon.   <u>In Vorbereitung</u>

Verlagswerbung